claudius

DON BOSCO
VERLAG

Susanne Brandt / Klaus-Uwe Nommensen

Kinder erleben Jesus

Biblische Geschichten
erzählen, spielen und erfahren –

ein Werkbuch

Claudius / Don Bosco

Die Deutsche Bibliothek – CIP-Einheitsaufnahme

Ein Titeldatensatz für diese Publikation
ist bei Der Deutschen Bibliothek erhältlich.

1. Auflage 2002
ISBN 3-532-62279-3 (Claudius)
ISBN 3-7698-1343-X (Don Bosco)

Umschlag und Illustrationen: Margret Russer, München
Notensatz: Nikolaus Veeser, Schallstadt
Gesamtherstellung: Don Bosco Grafischer Betrieb, Ensdorf

Gedruckt auf umweltfreundlichem Papier

Inhalt

Jesusgeschichten im Alltag von Kindergarten und Schule?

Von Jesus erzählen, heißt vom Leben erzählen. In Jesusgeschichten geht es nicht um Sondererfahrungen, die bestenfalls sonntags oder zu den kirchlichen Festen von Bedeutung sind. Es geht um alltägliche Erfahrungen mit den Menschen und mit Gott, um Freude und Angst, Zuwendung und Vertrauen, Trost und Hoffnung. Es geht um das, was Kinder und Erwachsene täglich miteinander in Kindergarten oder Schule erfahren. Und es ist erstaunlich zu entdecken, wie aktuell gerade die alten Geschichten in unsere Zeit hineinsprechen. Sie erweisen sich als außerordentlich verlässlich, weil sie tief in unserer Kultur verankert sind. Von Jesus erzählen heißt deshalb auch: die Kinder mit den Wurzeln der christlichen Tradition vertraut zu machen – eine Grundvoraussetzung, um Verständnis, Achtung und Toleranz ebenso für andere Religionen entwickeln zu können.
Durch Jesusgeschichten wird den Kindern vermittelt: Gott geht den Weg der Menschen mit. Er begleitet auch meinen und deinen Lebensweg. In einer Zeit, in der es nicht mehr als selbstverständlich vorauszusetzen ist, dass Kinder durch eine lebendige Erzähltradition in ihren Familien davon erfahren, gewinnt diese Aufgabe in Kindergarten und Schule mehr und mehr an Wichtigkeit.

Vielen Erzieherinnen und Lehrkräften ist das Erzählen von Jesus deshalb ein echtes Anliegen, dennoch tun sie sich mit der Umsetzung schwer. Biblische Texte erscheinen auf den ersten Blick oft fremd oder einfach unverständlich. Ihre Sprache, Bilder und Botschaften erschließen sich nicht immer gleich beim ersten Lesen. Wie soll man da Antworten auf die Fragen der Kinder finden, wenn man dem Text selbst noch so kritisch und fragend gegenüber steht? Wie soll man überhaupt erzählen und wo kann diese Geschichte in der Erfahrungswelt der Kinder lebendig werden?

Wir haben uns dieser Fragen angenommen und ein Konzept geschaffen, das ein sehr flexibles Arbeiten mit diesem Werkbuch ermöglicht: Diejenigen Erzieherinnen, die sich zum ersten Mal an die religiöse Erziehung mit biblischen Geschichten heranwagen, können mit einer Erzählung beginnen, die ihnen persönlich besonders „aus dem Herzen spricht" und diese im Wortlaut der kindgemäßen Textfassung vorlesen. Wer sich das eigene Nacherzählen der Geschichten zutraut, kann mit Hilfe unserer methodischen Hinweise und Vorlagen ein eigenes Erzählkonzept entwickeln.
Die jeweils dazu gelieferten Vertiefungsvorschläge verstehen sich als Bausteine. Sie können komplett oder in Auswahl übernommen werden, aber ebenso als Anregung für eigene Ideen dienen.
Durch die methodische Vielfalt der Umsetzung ergeben sich zahlreiche Querverbindungen zu pädagogischen Zielen und Handlungsfeldern im sozialen, emotionalen, musikalischen, kreativen, wahrnehmenden, motorischen und sprachlichen Bereich. Zwar sprechen die biblischen Geschichten mit ihrem reichen Erfahrungsschatz für sich und sind nicht dazu da, allein unter dem Aspekt der „pädagogischen Verwertbarkeit" betrachtet und entfaltet zu werden. Doch soll das nicht heißen, dass die religiöse Erziehung in Kindergarten und Schule wie ein „heiliger Bezirk" getrennt von allen anderen Aktivitäten stattzufinden hat. Im Gegenteil: Sie hat ihren Platz mittendrin im alltäglichen Geschehen und Erleben.
So lässt dieses Werkbuch viele Wege offen, um jenen Zugang zu den Jesusgeschichten zu entdecken, der dem eigenen Empfinden wie der Bedürfnislage der Kinder am ehesten und natürlichsten entspricht.

Susanne Brandt
Klaus-Uwe Nommensen

Lebendige Geschichten

Mit Geschichten etwas in Erfahrung bringen

Als Kinder mal danach gefragt wurden, wie sie selbst das eine oder andere biblische Ereignis verstehen, fand eines als Erklärung für die Ostergeschichte: „Den Stein hat Jesus mit der Seele weggeschoben." Wer wollte dem noch belehrend etwas hinzufügen?

Die Einbeziehung von biblischen Geschichten in die Kindergartenpraxis geschieht im Sinne einer ganzheitlichen religiösen Erziehung nach methodischen Überlegungen, die vom Kind her entwickelt sind: sinnenhaft, bildhaft und erfahrungsbezogen. Bei einer so verstandenen religiösen Erziehung werden keine frommen oder moralischen Forderungen von außen an die Kinder herangetragen, sondern allgemein menschliche Grundbedürfnisse wie Urvertrauen, Daseinserfahrungen, Gruppenbildung, Rücksichtnahme, Entdeckung des Wechselspiels von Geben und Nehmen angesprochen, eingeübt und wiederholend vertieft.
Es soll nicht in erster Linie darum gehen, den Kindern die Geschichten zu erklären. Natürlich kann sich aus Fragen, die Kinder zu einer Geschichte stellen, ein Gespräch entwickeln. Doch lässt sich Vieles, was hinter dem Erzählten entdeckt werden will, auch ganz anders „in

Erfahrung bringen": mit Händen, mit Füßen, mit dem Bauch, mit Sinnen und Seele.

Je nach Alter und persönlichem Erfahrungshintergrund hört jedes Kind etwas anderes aus einer Geschichte heraus. Auch werden die Kinder auf die verschiedenen Impulse zur Vertiefung unterschiedlich reagieren. Manchmal ist es vielleicht nur ein kleines, in den Augen von Erwachsenen eher unbedeutendes Erlebnis mit der Geschichte, das ein Kind in besonderer Weise berührt und beschäftigt. Oder ein Vers daraus prägt sich als Sing- oder Gebetsspruch ein und bleibt dem Kind noch lange im Gedächtnis. Jahre später wird sich die Geschichte für das Kind vielleicht mit ganz anderen Erfahrungen verbinden. Sie kann sozusagen ein Leben lang mitwachsen und reifen, ist erst mal der Anfang gemacht.

Jesusgeschichten sind immer auch Beziehungsgeschichten. Sie erzählen von Beziehungen zu Menschen, zu Dingen und zu Gott. Und sie fragen nach meiner Beziehung zu mir selbst, zu den Angehörigen meiner Gruppe und zu den Dingen und Themen, die mich berühren und umgeben. So helfen Wahrnehmungsübungen, die in diesem Buch als Bausteine zu vielen Geschichten beschrieben werden, eine Beziehung zu Dingen aufzubauen, die wie ein „Schlüssel" Wege in das Innere der Geschichte öffnen können. Der Geruch von frischem Brot, der Umgang mit Steinen oder anderen Naturmaterialien, der Klang von traurigen und fröhlichen Erlebnissen, die Freude an den Farben der Blumen – solche und ähnliche Sinneserfahrungen sind als Beispiele hierfür zu nennen. In Kombination oder Ergänzung dazu fördern Körperausdrucksspiele und kreative Ausdrucksformen die Identifikation mit dem erzählten Geschehen. Die äußere Wirklichkeit der Geschichte und die innere Wirklichkeit des Kindes erfahren in dieser Weise eine behutsame Annäherung bis hin zur Übereinstimmung.

Bodenbilder und Symbolbegegnungen sowie Übungen, die Elemente aus der Geschichte aufgreifen, um sie in einem Zusammenspiel von Musik, Bewegung, Sprache und Materialien erlebbar zu machen, sind kennzeichnend für diesen Ansatz.
Impulse aus dem religionspädagogischen Konzept von Sr. Esther Kaufmann und Franz Kett wie auch aus der rhythmischen Erziehung fließen so in die Arbeit mit ein.
Die zahlreichen Erschließungsangebote zu den Geschichten sind als Bausteine und nicht als fertiges Haus zu verstehen. Jeder, der sich an ihnen bedient, hat die Freiheit, sie nach eigenen Vorstellungen zu verändern, vielleicht umzuformen oder mit anderen Teilen zu verbinden. Aber sie eigenen sich ebenso als geprüfte Stütze und Fundament. Wer sich bisher nicht an die Vermittlung von biblischen Geschichten herangewagt hat, dem bieten die Bausteinen eine gute Basis, erste Schritte auf diesem Gebiet zu probieren.
Wenn ein Ziel der ganzheitlichen Religionspädagogik darin besteht, Kinder in ihrer Berührbarkeit zu sensibilisieren und zu fördern, so sind Erwachsene davon nicht ausgenommen. Persönliche Berührungsängste im Umgang mit der „Heiligen Schrift" können sich verwandeln in eine Berührungsbereitschaft, die von Vertrauen, Achtsamkeit und Staunen geprägt ist. In diesem Sinne versteht sich dieses Buch als „Mutmacher" für Klein und Groß.

Am Anfang war das Erleben

Geschichten von Jesus sind erzählt worden, bevor sie ihre schriftliche Form fanden. Als erzählte Geschichten waren sie lebendig. Menschen fanden immer wieder neue Worte für das, was sie selbst oder andere mit Jesus erlebt hatten.

Die Begegnung mit dem Mann aus Nazareth hatte Menschen hellhörig gemacht. Sie waren neugierig geworden auf das, was er an eigenen Geschichten zu bieten hatte. Sie sahen, wie er andere veränderte oder spürten die Veränderungen am eigenen Leib. Sie entdeckten neue Möglichkeiten für sich, ihre und andere Lebenszusammenhänge. Was sie erlebten, mussten sie weitererzählen. Die erstaunlichen Erfahrungen suchten sich Worte, oder die Menschen suchten ihre Worte dafür. Und jeder fand seine eigenen Worte, mal sachliche, mal malende Worte, mal einfache, mal gehobenere Worte. Die einen hatten ein reichen Wortschatz, den anderen standen nur wenige Worte zur Verfügung.

Zwischen den Buchdeckeln von Bibel oder Leseordnungen in den Gottesdiensten und Messen droht die Lebendigkeit der Geschichten oder der Begegnungen zu erlöschen. Die Lebendigkeit einer Geschichte erlischt auch, wenn eher auf die toten Buchstaben der richtigen Überlieferung geachtet wird, als auf das Leben, das diese Geschichten vor Augen, Nase, Zunge und Fingerspitzen der Ohren führen. Sie werden fremd, spielen in einer fernen Welt; denn schon ihre Sprache wird nicht verstanden.

Den Evangelisten Matthäus, Markus, Lukas und Johannes lag es gewiss fern, eine für immer gültige Form und Sprache festzuschreiben. Ihr Anliegen war es, die Geschichten und damit die Begegnung mit Jesus nicht verloren gehen zu lassen. Außerdem waren sie keine Theologen. Journalistische Arbeitsschritte sind sie gegangen, wie Lukas es am Anfang seines Evangeliums beschreibt. Es braucht also niemand Scheu zu haben, Jesusgeschichten weiterzuerzählen. Vielleicht bekommen wir einen selbstverständlicheren Zugang dazu, wenn wir

uns vorstellen, wie sie auf den Titelseiten oder Lokalseiten unserer Zeitung ständen oder wie sie am Nachbarzaun klängen. Nicht mehr weit ist dann der Schritt zu Erzählkreisen oder -ecken in den Kindertagesstätten.
Das Erbe, das wir von den Evangelisten und von denen, die vor ihnen die Überlieferung weitergetragen haben, mit diesen Geschichten übernommen haben, ermutigt, sie wieder neu, das heißt lebendig zu erzählen. Mit unseren eigenen Worten können Jesus, die Menschen damals, ihr Alltag und ihre Begegnungen in mir und in den Hörenden lebensnah werden. Jene alten Sehnsüchte, Erwartungen und Wünsche werden mit meinem Seufzen hörbar. Jene vergangenen Verunsicherungen und Ängste machen meine Worte beklommen. Jene Spannungen zerren an mir. Jene verklungenen lauten und leisen Töne, jene fremden Farben, Gerüche und Bilder klingen, leuchten und entfalten sich in den kleinen und großen Menschen heute.

Eine Geschichte spricht sich herum

Wenn Sie als Erzieherinnen oder Erzieher erzählen, haben Sie keine Farben und Pinsel, keine Instrumente, keine Gerüche, nur Ihre Worte, um zu malen oder zu musizieren oder das Wasser im Mund zusammenlaufen zu lassen. Wenn Sie als Erzieherinnen oder Erzieher erzählen, sprechen sich mit Ihren Worten die Bilder, die Personen, die Töne, die Gerüche oder der Geschmack der biblischen Erzählungen unter den Kindern herum.

Auf diese Weise machen Sie neugierig, stiften an, noch mehr davon zu entdecken, noch weiter in die Geschichte vorzudringen. Die Erzählvorschläge und die sich anschließenden Impulse in diesem Buch gehen diese Wege.

Doch wie bekommen Sie die erste Bewegung in die festgeschriebenen Buchstaben, wenn Sie eine Jesusgeschichte zunächst lediglich im Wortlaut der Bibel vor sich haben?

Ich schlage Ihnen vor, mit folgenden einzelnen kleinen Schritten zu beginnen:

- Sie lesen sich die Geschichte laut vor. Sie geht so nicht nur durch das Auge, sondern auch durch das Ohr in Sie hinein. Dann können Sie einmal ausprobieren, wie die wörtliche Rede wohl geklungen haben kann (Emotionen, Tonfall, spontan oder überlegt). Was klingt in Ihren Ohren eventuell fremd für eine Jesusgeschichte? Klingen zum Beispiel die Emotionen ungewohnt? Warum?

- Welche Begriffe, welche Lebensumstände verstehen oder kennen Sie nicht? Die Geschichte setzte damals Informationen als selbstverständlich voraus, die Ihnen und vor allem den Kindern unbekannt sind. Ich lasse sie mir von einem Menschen oder einem Buch erklären. Dann versuche ich, aufzuschreiben, wie ich diese Informationen übersetzen kann. Kurzinformationen zu jeder Geschichte finden Sie auch in diesem Buch.

- Was nehmen Sie in der Geschichte wahr? Nehmen Sie sich doch einmal Zeit zu entdecken, auch wenn das im ersten Augenblick befremdlich sein mag: Was sehe ich? Was höre ich? Was rieche ich? Was fühle ich? Sie werden einen wahren Schatzkasten an Erzählstoff bekommen.
- Wo spielt die Geschichte?
- Zerlegen Sie die Geschichte in möglichst kleine Szenen. Was geschieht von Szene zu Szene?
- Schreiben Sie die Personen der Handlung auf. Zuerst den Namen. Vielleicht erfahren Sie etwas über die Herkunft, die Eigenheiten. Was sind das für Typen? Was tun er oder sie? Wie reden sie? Wie reagieren sie auf das Geschehen, auf Worte? Welche Beziehungen, welche Gefühle haben die Menschen füreinander oder gegeneinander? Ändert sich daran etwas im Lauf des Geschehens? Es ist hilfreich, eine Art Stellprobe für die beteiligten Personen der einzelnen Szenen aufzuzeichnen.
- Spannend ist, Anfang und Schluss miteinander zu vergleichen. Hat sich etwas verändert? Wenn ja, an welcher Stelle, durch wen?
- Bleibt das Ende der Geschichte offen? Wie könnte die Handlung weitergehen, mit welchen Folgen? Fantasieren Sie doch ruhig einmal.
- Was wäre eigentlich gewesen, wenn die Geschichte anders ausgegangen wäre?

Bisher haben Sie den Bibeltext doch eher neugierig äugend umkreist. Denn Lesende oder Hörende einer Geschichte – und das sind Sie ja zunächst – sind erst mal Außenstehende. Und zwischen Ihnen und den Geschichten von Jesus liegen zudem noch zweitausend Jahre.
Doch nun wagen Sie es doch einmal, in die Geschichte hineinzugehen. Die bisherigen kleinen Schritte, geben Ihnen viele Schlüssel in die Hand:

- Sie können einer der Zuhörer oder Zuhörerinnen werden, denen damals zur Zeit Jesu das Erlebte brühwarm erzählt wurde. Spielen Sie ruhig mal verschiedene Alterstufen durch: Mann oder Frau, verschiedene Berufe, verschiedene soziale Stellungen, verschiedene Charaktere. Was wissen Sie in dieser Rolle bereits von Jesus? Wie haben Sie davon erfahren? Wer hat Ihnen davon erzählt? Woher hat der oder diejenige seine oder ihre Informationen? In welchen Situationen oder aus welchem Anlass wird erzählt? Hören Sie heraus, warum der oder die andere so von dem Erlebten bewegt ist?
- Oder Sie können eine der Personen in der Geschichte werden. Auch hier ist es reizvoll, verschiedene Möglichkeiten zu probieren. Sie können verschiedene Standorte in der Handlung einnehmen: vom unbeteiligten Beobachter bis hin zur Person, die im Mittelpunkt steht. Überrascht Sie das Geschehen? Werden Sie hineingezogen? Übrigens erzählen Geschichten von Jesus immer wieder, dass Randfiguren zu zentralen Figuren werden.

Wenn Sie jetzt beginnen, Ideen oder aus dem Erlebten heraus Geschichten aufzuschreiben, ein sprachlicher Tipp: Tätigkeitswörter beschreiben die Handlung, Eigenschaftswörter halten auf.
Jetzt kann ein Freund Jesu, eine Marktfrau, ein Kind, ein Kranker, ein Vertreter der damaligen „Kirche“ berichten. Erzählt werden kann am Feuer, auf dem Markt, vor den Haustüren, oder einer erstattet einer Behörde Bericht.
Die unterschiedlichen Erzählvorschläge in diesem Buch sind so entstanden. Wir sind uns bewusst, dass sie wieder festgeschrieben sind. Wenn Sie sie vorlesen, kann das die Erzählvorschläge beleben. Doch im wahren Sinne des Wortes lebhafter werden sie, wenn sie als Gerüste oder Ideengeber für Ihre eigenen Erzählungen dienen. Dann werden sich die Begegnungen mit Jesus auch unter den Kindern herumsprechen.

„Das hab ich auch schon erlebt!“

„Am Anfang war das Erleben“ – und am Ende hat dieses Erleben auch etwas mit uns heute zu tun. Ginge es bei dem, was Menschen mit Jesus erlebt haben, nur um spektakuläre Ereignisse, die nach wenigen Tagen schon wieder vergessen sind, hätte man sich gewiss nicht die Mühe gemacht, sie 2000 Jahre lang von Generation zu Generation weiterzuerzählen.
Es wird deutlich: Mit den Geschichten lässt sich etwas „in Erfahrung bringen“. Sie berühren grundlegende Daseinserfahrungen unseres Lebens, bei Kindern ebenso wie bei Erwachsenen. Wenn Jesus immer wieder gesagt und gezeigt hat: „Schaut, so ist Gott“, dann gilt das nicht nur für die Menschen seiner Zeit. Dann wollen die Geschichten von Jesus uns das heute genauso sagen.

Die Auswahl und Ordnung der Geschichten in diesem Buch orientiert sich deshalb auch an drei Erfahrungsbereichen, die in unserem Leben, in Gottes Beziehung zu uns – und eben auch in den Geschichten – von zentraler Bedeutung sind. Damit soll eine Geschichte, die immer eine ganze Fülle von Erfahrungen in sich trägt, nicht auf jeweils einen Bereich beschränkt und festgeschrieben werden. Vielmehr soll diese Aufteilung helfen, einen leichteren Übergang von der Lebenswelt der Kinder zu den Geschichten zu finden.

Unter der Überschrift „Angenommen sein – vorbehaltlos geliebt – Zuwendung erfahren“ geht es um Geschichten, in denen durch Jesus spürbar wird, wie Gott sich den Menschen mit seiner Liebe, Fürsorge und Achtsamkeit zuwendet.
Bei „Einander begegnen – aufeinander zugehen – Frieden üben“ tritt der Aspekt des Zusammenlebens unter Menschen stärker in den Mittelpunkt: Was geschieht, wenn Menschen aufeinander zugehen? Wie lassen sich Konflikte gewaltfrei lösen? Wie kann Frieden gelingen?

Mit „Angst und Trauer erleben – Trost und Freude finden“ werden besonders Gefühle angesprochen, die vor Gott nicht verborgen bleiben müssen. Jesusgeschichten sind nicht „Heile-Welt-Geschichten“. Es sind heilsame Geschichten, gerade weil sie die Schmerzen und Ängste der Menschen nicht ausblenden. Dass auch Jesus solche Gefühle am eigenen Leibe erfahren hat, bringen die Passionsgeschichten zum Ausdruck. Da kommt er uns als Mensch ganz nah. Am Ende leuchtet mit der Emmausgeschichte österliches Licht in die Ratlosigkeit der Freunde Jesu.
Die jeweils erste Geschichte in jedem der drei Kapitel erzählt aus verschiedenen Blickwinkeln von Jesu Geburt. Hier handelt und redet Jesus noch nicht selber. Aber sein Kommen und Geborensein wird bereits zum Zeichen für das, was durch sein Leben von Gott in der Welt sichtbar werden soll.

„Das habe ich auch schon erlebt!“, werden die Kinder immer wieder merken, wenn sie durch die Geschichten erfahren:

- Ich bin geliebt und wertvoll.
- Wir können frei, fair und in Frieden aufeinander zugehen.
- Mit meiner Angst und meinem Kummer bleibe ich nicht allein.

Sie können das als Mädchen ebenso für sich sagen wie als Jungen. Die Auswahl der Geschichten zeigt, dass Jesus sich gleichermaßen Frauen wie Männern zugewandt hat, dass weibliches wie männliches Erleben hier in gleichberechtigter Weise seine Bedeutung hat.
Um für jede Geschichte den Bogen zwischen der Erlebniswelt der Kinder und der biblischen Erzählung neu spannen zu helfen, sind den Umsetzungsvorschlägen jeweils einige richtungsweisende Gesprächsimpulse vorangestellt. Lassen wir die Kinder einfach selbst von sich erzählen. Denn: Am Anfang war das Erleben …

Geschichten für ein ganzes Jahr

Die hier vorgestellten Geschichten können Kinder ein ganzes Jahr lang begleiten. Sie können bestimmten religiösen Festzeiten oder Jahreszeiten zugeordnet werden. Darüber hinaus sollten sie – wie in den Kapitelüberschriften bereits angedeutet – vor allem an den Bedürfnissen der Kinder orientiert eingesetzt werden und Ereignisse im Kindergartenjahr aufgreifen. So bietet sich zur Begrüßung aller Kinder nach der Sommerpause zum Beispiel die Kindersegnung (→ S. 53) an. Viele Geschichten und die daran anschließenden Ideen zur Vertiefung können auch zur Gestaltung von Kindergottesdiensten eingesetzt werden.

Von Advent bis Dreikönig
Herbst und Winter

Angst im Sturm (→ S. 102)
Maria und Elisabeth (→ S. 95)
Jesus wird geboren (→ S. 22)
Die Weisen aus dem Morgenland (→ S. 60)

Passion, Ostern
Frühling und Sommer

Salbung in Bethanien (→ S. 109)
Jesus in Gethsemane (→ S. 115)
Auf dem Weg nach Emmaus (→ S. 112)
Gleichnis von den Blumen auf dem Felde (→ S. 29)

Angenommen sein – vorbehaltlos geliebt – Zuwendung erfahren

1. Jesus wird geboren

Lukasevangelium, Kapitel 2, Verse 1–20

I. Wie wir erzählen können

Sie hatten es geschafft. Der Weg durch die Berge lag hinter ihnen. Tagelang waren sie unterwegs gewesen. Josef hatte Angst gehabt. Seine Frau Maria erwartete ein Kind. Und jeden Tag konnte es geboren werden. Aber der Befehl des Kaisers lautete: Jeder gehe in seine Geburtsstadt. So wollte der Kaiser die Menschen in seinem Reich zählen. Anschließend konnte er seine Steuereinnahmen berechnen. Ausgerechnet zu diesem Zeitpunkt war die Zählung in Palästina dran.
Zuerst hatte Josef geschimpft und gesagt: Wir gehen nicht. Aber die römischen Soldaten passten auf, dass jeder dem Befehl gehorchte. Aus dem Norden des Landes bis in den Süden nach Betlehem mussten Maria und Josef. Immer wieder hatte Josef unterwegs seine Frau angeschaut. Er hatte sich Sorgen gemacht um sie und um das Kind.
Aber nun waren sie in Betlehem angekommen. Es war schon Abend. Die meisten Menschen schliefen schon. Wo sollten sie jetzt noch eine Herberge finden?
Maria hatte sich am Brunnen hingesetzt. Josef klopfte an einigen Haustüren. Aber entweder die Bewohner schliefen fest oder sie sagten: Die anderen schlafen schon und wir können jetzt keine Gäste mehr aufnehmen. Aber dann hatte Josef Glück. Das Haus selbst sei bereits voll, sagte der Mann, aber unter dem Haus, in den Stallräumen, da könnten sie die Nacht bleiben.
Die beiden waren froh, einen Platz zum Schlafen zu haben. Und warm war der Raum auch. Josef legte ein wenig Stroh zurecht und breitete ein Tuch darüber.

Die Beiden schliefen sofort ein. Mitten in der Nacht weckte Maria ihren Mann. Ich glaube, das Kind kommt, sagte sie. Josef begriff zuerst nicht.
Das Kind kommt, sagte Maria noch einmal. Dann sah Josef, wie sich Maria den Bauch hielt. Sie hatte Schmerzen.
Josef rückte Maria das Stroh und das Tuch zurecht, holte Wasser aus dem Brunnen. Wenn nur alles gut geht, dachte er. Er hatte Angst, etwas falsch zu machen oder Maria nicht richtig helfen zu können.
Aber dann hörte er den ersten zaghaften Schrei des Kindes. Josef legte das Kind auf Marias Bauch.
Es ist so, wie der Engel gesagt hat, bemerkte Maria, ein Junge, und er soll Jesus heißen. Ja, antwortete Josef, aber daran habe ich jetzt nicht gedacht. Ob er wirklich ein König sein wird?, fragte Maria.
Plötzlich ging die Tür auf. Maria erschrak. Ein paar Männer standen in der Tür. Ihre Gesichter waren mit Bärten zugewachsen. In schmutziges Leinen und Fell waren sie gekleidet.
Aber ganz vorsichtig kamen die Männer herein. Ihre Holzknüppel stellten sie an der Tür ab. Irgend etwas von Engeln und Licht erzählten sie. Und: Sie wollten den Heiland sehen. Dann knieten sie vor Maria und dem Kind. Es war still in dem Raum.
Bevor die Männer gingen, ließen sich Maria und Josef noch einmal genauer erzählen, was geschehen war. Sie seien Hirten, sagten die Männer. Und plötzlich sei es mitten in der Nacht sehr hell gewesen.
Und ein Bote sei ihnen erschienen. Der habe ihnen gesagt: Heute Nacht ist euch der Retter geboren hier in Betlehem. Und dann habe er ihnen beschrieben, wie sie ihn finden. Und dann sei die Nacht voller Musik gewesen. Ehre sei Gott in der Höhe und Friede auf Erden den Menschen, an denen Gott Wohlgefallen hat, das sei gesungen worden. Ich denk mir das so, sagte dann einer der Hirten, wenn der Junge groß ist, wird er vielleicht wie ein guter Hirte für die Menschen sein. Ja, und als Hirte wird er darauf achten, dass die Menschen friedlich leben können, ergänzte ein anderer.

Dann nahmen sie ihre Holzknüppel und gingen wieder hinaus. Maria kuschelte sich an Josef: Er wird ein guter Hirte sein.

II. Informationen zur Geschichte

Hier liegt uns eine Legendenbildung vor. Doch kunstvoll gestaltet Lukas sie und entfaltet so ihre Botschaft: Himmel und Erde begegnen sich.
Drei Ereignisse werden eine Geschichte: Die Volkszählung des römischen Kaisers Augustus, die Geburt Jesu und die Verkündigung an die Hirten. Drei Personengruppen werden miteinander in Beziehung gesetzt: Der römische Kaiser und sein Statthalter, das neugeborene Kind mit seinen Eltern und die gesellschaftlichen Außenseiter der Berufsgruppe Hirten. Auf drei Ebenen spielt die Handlung: weltliche Macht, Herrlichkeit Gottes und menschliche Not. Durch alle Ereignisse, Personengruppen und Ebenen zieht sich als roter Faden: Gott und Menschen begegnen sich, oder: Himmel und Erde berühren sich.
Dem Anspruch des römischen Kaisers, der damaligen Welt den Frieden mit seinen Armeen zu bringen, tritt der Anspruch Gottes gegenüber, dass mit dem „heute geborenen“ Retter eine Friedenszeit anbricht, die über die Möglichkeiten und Räume jeder Staatsmacht hinausgeht. Ein göttliches Kind wird in kritischen Umständen geboren. Die Geburt in ärmlichen Verhältnissen wird öffentlich bekannt gegeben von einem Boten Gottes und begleitet von Engelscharen in einem kaum zu beschreibenden Licht. Dieses Licht schließt die gesellschaftliche Randgruppe Hirten mit ein. Sie sind ausersehen, von der Geburt zu erfahren.
Obwohl von Menschen wahrgenommen, behält das Geschehen etwas Geheimnisvolles. Maria und denen, „vor die es kam“, bleibt am Ende das Staunen. Lukas behält es sich vor, Aufgabe und Wirken dieses

Kindes oder das, was in dieser Geschichte angedeutet wird, erst aufzurollen, wenn das Kind erwachsen ist.

III. Kinder von ihren Erfahrungen erzählen lassen

- Wie ist das, wenn ein Kind geboren worden ist? Wer kennt das aus der eigenen Familie?
- Was braucht dieses Kind alles? Wie gehen die Menschen mit dem Baby um?
- Was ist so außergewöhnlich und anders an der Geschichte von Jesu Geburt?
- Was für Zeichen gibt es, die auf Weihnachten hinweisen?
- Was gefällt mir an der Art, wie diese Geburt Weihnachten immer wieder gefeiert wird? Was gefällt mir nicht? Könnte das Fest auch ganz anders gefeiert werden, um an das Besondere dieser Geburt zu erinnern?

IV. Mit Kindern auf dem Weg der Erschließung

Jesu Geburt elementar begreifen. Die Begegnung von Himmel und Erde als Legebild

In der Geschichte von Jesu Geburt spielen sowohl himmlische (Engel, Licht) als auch irdische Ereignisse (Herbergssuche, Hirten, Stall mit Tieren) eine Rolle. Die Botschaft „Gott wird Mensch" lässt sich somit ganz elementar über die Erfahrung vermitteln: Himmel und Erde berühren sich in dieser Nacht. Was sich am Himmel ereignet, dringt als Lied und Licht zur Erde herab. Was auf der Erde geschieht, findet seinen Widerhall im Himmel. Mit Jesu Geburt wird die elementare Beziehung zwischen Gott und Mensch, zwischen Himmel und Erde sichtbar und begreiflich.
Folgende Gegenstände können als Symbol für die verschiedenen Elemente des Geschehens eingesetzt werden:

- Stroh und Holz als Material im Stall
- Schafwolle als Hinweis auf die Hirten
- Stern als Zeichen für den Nachthimmel
- Glocke zur Verdeutlichung von Gotteslob und Engelsgesang
- Wasser als Lebenselement
- Kerze als wärmespendendes Feuer

Die Kinder sitzen im Kreis. Sie schauen auf eine Kreisform, die aus Seidenschals gelegt wird: Tücher in Blautönen bilden den oberen Kreisbogen (Himmel), Tücher in Braun- und Grüntönen bilden den unteren Kreisbogen (Erde). Im Innern des Kreises bilden die oben genannten symbolischen Gegenstände eine Mitte. Zunächst werden Erfahrungen, Beobachtungen und Einfälle der Kinder zu den Symbolen ausgetauscht. Danach kann gemeinsam überlegt werden, welchen Platz die Dinge in der Geschichte haben und welche davon dem Himmel bzw. der Erde zuzuordnen sind. Entsprechend werden sie dann auf den Tüchern im Kreis ausgelegt.

Lied zu einem kleinen Krippensingspiel

Symbolische Elemente, die den Kindern vielleicht schon vom vorangegangenen Legebild her vertraut sind, tragen auch bei dieser kleinen Liedgestaltung dazu bei, dass die Geschichte im Spiel sinnlich erfahrbar und begreiflich wird.
Spielverlauf: Teil A des Liedes ist der Gesang der „Lichterkinder". Sie wandern singend mit Glocken und leuchtenden Sternen zu jenem Platz, wo die Krippe entstehen soll und stellen sich dahinter als „leuchtender Sternenhimmel" auf. Mit ihrem Gesang am Anfang und am Ende bilden sie den „himmlischen Rahmen" des Spiels.
Teil B des Liedes ist der Gesang der „Erdenkinder". Zu jeder Strophe bringen einzelne Kinder die entsprechenden Dinge herbei und bauen nach und nach die „irdische Geburtsstätte": eine Krippe aus Holz, Brot und Stroh für das Kind, Wasser zum Leben und Menschen, die mit duftendem Öl und wärmender Wolle herbeikommen.

Teil A Eingangs- und Schlussgesang

Text und Musik: Susanne Brandt

Da war die ganze Welt erfüllt …

2. Mit Korn von ihren Feldern
schenkt sie dem Kinde Brot.
So liegt es gut im weichen Stroh
und leidet keine Not.

Da war die ganze Welt erfüllt …

3. Sie spendet frisches Wasser
zum Wachsen und Gedeih'n,
will Brunnen und will Quellengrund
für jedes Leben sein.

Da war die ganze Welt erfüllt …

4. Wie gut, dass diese Erde
dem Kind auch Menschen gibt.
Die bringen Duft und Wärme mit
und haben es ganz lieb.

Teil B

Weihnachtliche Landschaft aus Naturmaterialien

Eine weitere Möglichkeit, die Geschichte zu veranschaulichen: Aus Naturmaterialien wird in einem großen Pappkarton (nach oben und nach vorne offen) eine weihnachtliche Landschaft gestaltet. Holzstückchen dienen als Baumaterial für Stall und Krippe, Stroh und Wolle sorgen für Wärme, Figuren können aus Ton geformt werden, Duftöl verbreitet eine wohlige Atmosphäre. Oben wird der Karton schließlich mit einer passenden Glasplatte (z.B. aus Bilderrahmen) abgedeckt, auf die sternförmig einige Teelichter in Glashaltern gestellt werden. Das Licht vom „Himmel" erhellt die irdische Szenerie. Was vorher dunkel war, erstrahlt plötzlich in besonderem Glanz. Ein Teelicht kann auch nahe beim Stall Platz finden.

2. Gleichnis von den Blumen auf dem Felde

Matthäusevangelium, Kapitel 6, Verse 25–33

I. Wie wir erzählen können

Jesus und seine Freunde ruhten sich aus. Der große Baum spendete ihnen Schatten. Einige der Freunde hatten sich hingelegt und schliefen. Nur Judas lief unruhig hin und her.
„Judas, was ist mit dir?", fragte Jesus. „Unsere Essvorräte reichen heute nicht mehr für alle", antwortete Judas. „Ich habe unser Geld nachgezählt. Für heute und morgen könnten wir noch einkaufen. Aber Andreas und Philippus haben mir gesagt, ihre Kleidung wäre schon sehr abgerissen." Jesus schaute Judas an. „Was machst du dir für Sorgen?" „Ich soll mir keine Sorgen machen? Schließlich bin ich verantwortlich, dass alle das bekommen, was sie zum Leben brauchen. Guck doch mal, wie wir herumlaufen." „Die Leute reden schon über uns", mischte sich Andreas ein. „Ein bisschen besser könnten wir uns schon kleiden." „Ja sonst finden wir uns bald bei den Bettlern wieder." Auch Bartholomäus war aufgestanden und stand vor Jesus.
„Habt ihr Angst zu verhungern?", fragte Jesus. „Ja", antworte Bartholomäus, „schließlich ist es auch anstrengend, mit dir unterwegs zu sein." „So einfach kann das nicht weitergehen. Wir müssen einen Plan machen. Schließlich sind wir eine Menge Leute, die satt werden müssen und Kleidung haben müssen", schlug Judas vor.
„Als ich noch als Fischer gearbeitet habe", erzählte Andreas, „wohnte ich bei meiner Schwester. Die hat auch für jede Woche einen genauen Plan gemacht. Und an Essen hat sie nicht gespart. Unsere Einnahmen haben auch gereicht, dass wir anständige Kleidung hatten. Da achten die anderen drauf, hat meine Schwester immer gesagt."

„Und meine Schwester konnte gut kochen", fügte er nach einer Weile hinzu.
„Hör auf!", fuhr ihn Philippus an. „Du kannst uns doch jetzt nicht den Mund wässerig machen."
„Sagt bloß, ihr fangt an, euch um das Essen zu streiten", sagte Jesus.
„Essen und trinken ist eben das Wichtigste", entgegnete Philippus gereizt. „Wenn mein Magen knurrt, werde ich nun mal ungenießbar."
Jesus stand auf. „Schaut mal die Vögel an", sagte er und zeigte in den Baum. „Sie säen nicht und sie ernten nicht, sie haben keine Speisekammern und kaufen nicht ein. Gott gibt ihnen zu essen und zu trinken. In dem, was Gott gemacht hat und wachsen lässt, finden sie immer wieder etwas, was sie satt macht. In den Bächen und Wasserstellen können sie ihren Durst stillen."
„Aber wir können doch nicht so in den Tag hineinleben und nur darauf warten, dass Gott uns zu essen und zu trinken gibt", entgegnete Judas. „Das tun wir auch nicht", sagte Jesus, „wir arbeiten ja. Wir arbeiten für Gott und so für die Menschen, die zu uns kommen oder denen wir begegnen. Das sollte für uns auch das Wichtigste sein. Dafür bekommen wir unseren Lohn. Und ich vertraue darauf, dass Gott uns nicht im Stich lässt."
„Aber anziehen müssen wir auch etwas", warf Andreas ein. „Und zwar was Ordentliches."
Jesus bückte sich und pflückte eine Blume ab. „Hier, Andreas, sieh dir diese Blume an. Ist sie nicht schön? Sie kann weder weben noch nähen, noch einen Stoff färben. Und auf dem Markt kauft sie keinen Stoff. Aber ihr Kleid ist so farbig. Unser König Salomo, der sehr reich war, hat nicht so ein schönes Kleid gehabt."
„Ja, aber wir werden nun mal nackt geboren und müssen uns ein Kleid nähen oder kaufen. Und die Kleider fallen nicht vom Himmel." Andreas gab sich nicht zufrieden.
„Andreas, ihr sollt euch nicht allein so viele Sorgen machen um das, was ihr zum Leben braucht. Ihr habt Angst, nicht genug zu bekom-

men. Schaut die Schöpfung Gottes an, seine Welt. Sie ist so verschwenderisch. Da ist doch alles da, was ihr zum Leben braucht. Wir Menschen müssen nur lernen, das zu teilen. So hat es sich Gott einmal gewünscht. So wünscht er es sich für die Zukunft. Aus Angst, nicht genug zu bekommen, nehmen wir anderen oft das weg, was sie zum Leben brauchen."
Jesus setzte sich wieder. „Und jetzt, Andreas, schnapp dir deinen Bruder! Da unten ist ein Bach. Ihr habt doch mal als Fischer gearbeitet, das könnt ihr doch noch, oder?"

II. Informationen zur Geschichte

Eigentlich ist dies keine Geschichte, sondern eine Rede, genauer, ein Ausschnitt aus einer Rede Jesu. Matthäus stellt in den Kapiteln 5 bis 7 seines Evangeliums Worte Jesu zu der „Bergpredigt" zusammen. Zentrales Thema ist ein gerechtes Handeln. Ursprung dieser Gerechtigkeit ist der Ausblick auf eine Zukunft, in der Wirklichkeit wird, wie Gott sich Leben gedacht hat, nenne man sie Gottes Reich oder Gottes Neue Welt. Jesus lebt bereits diese Wirklichkeit. Er gibt sie nun in der Bergpredigt zu erkennen als Gebot für alle Menschen. Das von ihm formulierte Vaterunser als Zentrum der Bergpredigt bündelt die einzelnen Aufgaben. Beten und Tun mögen sich entsprechen.
Die Rede vom Vertrauen darauf, dass der „himmlische Vater" ernährt, korrespondiert mit der Bitte: „Unser tägliches Brot gib uns heute". Gemeint ist nicht die Menge an Nahrung, die mir allein reicht, sondern die Bitte beinhaltet das Vertrauen darauf, dass Gott soviel gebe, dass es „uns" satt macht, ich also mit anderen teile. Unsere Sorge sei nicht die Angst, selbst nicht genug zu bekommen. Jesus lenkt den Blick auf die Fülle und die Vielfalt, die Gott zur Verfügung stellt: Sorgt, dass jedes Wesen von dieser Fülle leben kann.

III. Kinder von ihren Erfahrungen erzählen lassen

- Wann habe ich Angst, von etwas nicht genug zu bekommen?
- Wann habe ich das schon mal erlebt: nicht genug haben? Was für ein Gefühl war das? Was hat mich dabei besonders traurig oder wütend gemacht? Was hat mir geholfen?
- Wenn ich etwas unbedingt brauche oder haben will – was kann oder muss ich tun, um es zu bekommen?
- Gibt es auch das: etwas Schönes bekommen oder erleben, ohne etwas dafür tun zu müssen? Ist das ungerecht?

IV. Mit Kindern auf dem Weg zur Erschließung

Als „Blumenforscher" unterwegs

Wer an einem Frühsommertag über eine ungemähte Wiese geht, kann eine Vielzahl unterschiedlicher Blumen entdecken. Jedes Kind darf eine davon, die ihm besonders gut gefällt, pflücken, um sie mit in die Gruppe zu bringen. Dann erzählt jedes Kind den anderen, warum es sich gerade für diese Blume entschieden hat. Was ist daran besonders schön? Welche Farben und Formen lassen sich beschreiben?
Am Ende wird die bunte Vielfalt der Blumen bestaunt, die als Strauß oder Kranz feucht gehalten, noch einige Tage im Zimmer ihre Schönheit zeigen.

Kostbarkeiten, die jeder geschenkt bekommt

Nicht nur jede Blume hat ihre einzigartige Gestalt. Auch an jedem Menschen lassen sich Kostbarkeiten entdecken, die nicht mit Geld und Mühe zu erwerben sind: eine besonders schöne Augenfarbe, Naturlocken im Haar, ein helles Lachen, auch eine pfiffige Zahnlücke kann ihren Charme haben u.v.m.
Die Kinder betrachten sich gegenseitig genau, um solche Kostbarkeiten am anderen zu finden.

Werden die Entdeckungen auf kleine Zettel gemalt oder geschrieben und mit dem jeweiligen Namen versehen, können sie in einer „Schatztruhe“ zusammengetragen und aufbewahrt werden.

Schwalben fliegen lassen

Auch den Schwalben ist ihre Leichtigkeit, mit der sie sich „über die Last der Sorgen“ erheben können, wie ein Geschenk gegeben. Wer eine Weile Vögel in der Natur beobachtet, wird staunen über ihre Flugkunst, die uns Menschen nicht gegeben ist.
Wir können aus einem quadratischen Stück Papier, das vorher vielleicht bunt und fantasievoll bemalt wird, Schwalben falten:

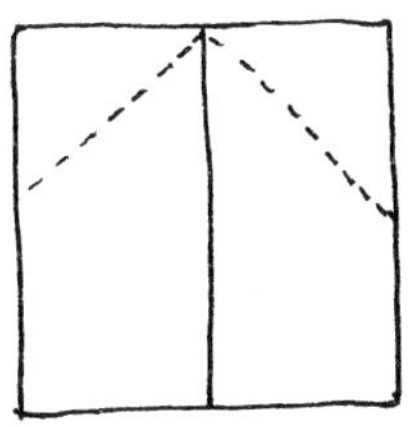

Quadrat zu einem Buch falten und öffnen

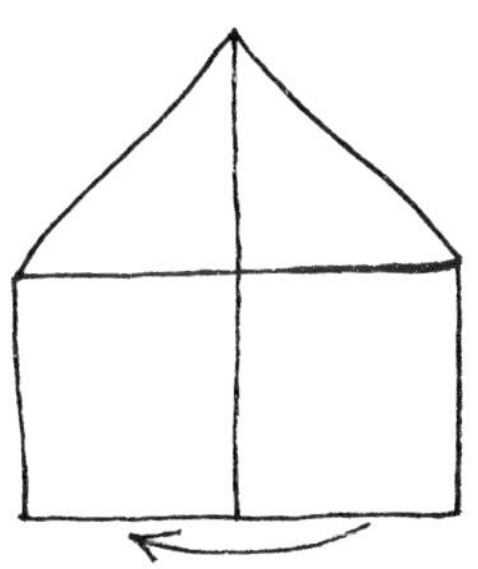

obere Ecken an den Mittelbruch falten

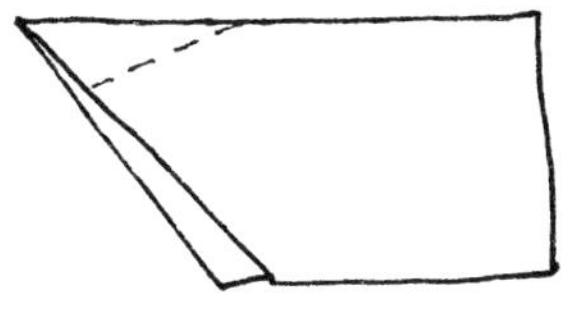

Hälften zusammentragen und drehen

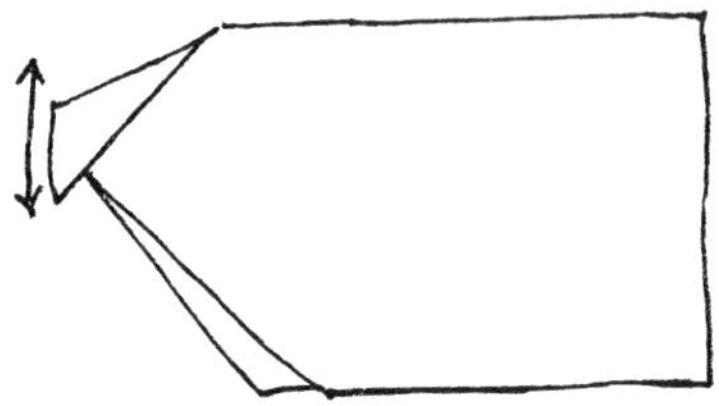

Spitze als Schnabel umfalten
und wieder öffnen

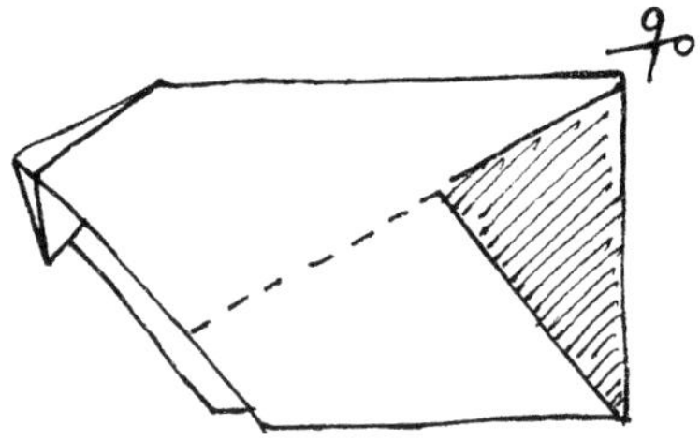

Schnabel einschieben und
Dreieck herausschneiden

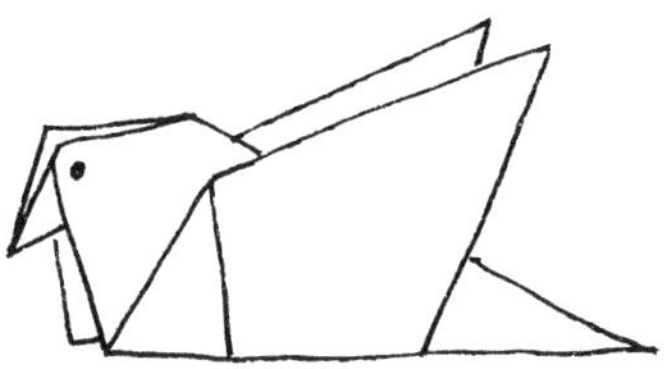

Flügel nach außen falten

„Es gibt viele Möglichkeiten, einen Vogel zu falten! Kennst du andere?“

Auch wenn die Papierschwalben schließlich zum Fliegen der Luft anvertraut werden, gilt beides: Unsere Mühe und Sorgfalt beim Falten und Losschicken gehört zwar dazu – aber vollständig in unserer Macht steht es nicht, wie die Schwalbe tatsächlich fliegt, welche Richtung sie einschlägt, wie lange sie sich in der Luft halten kann.
Aus den gefalteten Schwalben kann am Ende ein Mobile gebastelt werden, das noch lange an das „Bilderbuch der Natur“, aus dem Jesus erzählt, erinnert.

Genug ist uns geschenkt

Ein großes rundes Fladenbrot liegt in der Mitte des Tisches. Gemeinsam wird überlegt: Wo kommt das Brot her? Vielleicht hat es jemand in einem türkischen Geschäft gekauft. Aber zuvor muss jemand es gebacken haben. Der Bäcker hat dafür Mehl, Hefe, Salz und Wasser verwendet. Wo aber kommt das Wasser her? Und was war mit dem Mehl, bevor es fein gemahlen und in Säcken verpackt an die Bäckerei geliefert wurde? Die Gedankenkette endet irgendwann mitten in der Natur: auf dem Feld, wo das Getreide in der Wärme der Sonne heranreift und wo das Wasser alles am Leben erhält. Hier enden auch unsere Möglichkeiten, die Dinge in Zahlen zu bemessen. Wer kann die Sonnenstrahlen zählen? Wer kann sagen, wie viele Regentropfen vom Himmel gefallen sind?
All das Unermessliche steckt nun in diesem einen Fladenbrot. Unermesslich viel und genug für alle, die davon essen möchten.
Das Brot wird nun herumgereicht. Jeder bricht sich ein Stückchen davon ab. Die Kinder werden erfahren: Es reicht für alle, wenn mit Rücksicht auf andere geteilt wird. Dazu passt ein Tischspruch:

Es scheint die Sonne ohne Maß,
der Regen macht die Erde nass.
Wer kann die Tropfen zählen?
Gott rechnet nicht, wenn er verschenkt.
Weil er so maßlos an uns denkt,
soll keinem etwas fehlen.

Für andere sorgen – von anderen versorgt werden

Es kann zu einem guten Brauch werden, dass jedes Kind an seinem Geburtstag in besonderer Weise erfahren darf: Ich werde heute gut versorgt. Die anderen zeigen, dass sie es gut mir meinen. Dazu überlegt sich jedes Kind vorher, was auf seinem persönlichen Geburtstagswunschzettel stehen soll. Gefragt sind da keine großen materiellen Geschenke, sondern z.B. ein Lieblingsleckerbissen für das gemeinsame Frühstück, ein Lieblingsspiel, ein Lieblingslied, vielleicht auch der Wunsch, heute nicht den eigenen Kakaobecher abwaschen zu müssen. Die anderen Kinder übernehmen die Aufgabe, dem Geburtstagskind an diesem einen Tag zumindest eine Auswahl dieser Wünsche mit großer Sorgfalt zu erfüllen. Im Laufe des Jahres erfährt so jedes Kind, wie es ist, für andere zu sorgen oder selbst gut versorgt zu werden.

Das Feiern von Geburtstagen in dieser Form kann auch viele kreative Elemente beinhalten. Wenn es z.B. darum geht, den Platz des Geburtstagskindes mit Naturmaterialien, die sich je nach Jahreszeit draußen finden lassen, festlich zu schmücken: im Sommer mit Blumen, im Herbst mit bunten Blättern oder im Winter mit Tannenzweigen.

Sorgensteine gemeinsam tragen

Die Kinder sprechen über das, was ihnen Angst und Sorge bereitet. Für jede Sorge, die ein Kind in der Gruppe erzählt oder still für sich im Sinn hat, wird ein „Sorgenstein" in einen dafür bereitgestellten Korb gelegt, bis dieser ganz voll und schwer ist. Am Ende lässt sich die Erfahrung machen: Wer allein versucht, diesen Korb zu schleppen, muss sich dazu sehr anstrengen. Wer sich beim Tragen auf die Hilfe von ein oder zwei weiteren Kindern verlassen darf, spürt, dass es leichter wird – auch wenn die Sorgen damit nicht gleich verschwunden sind.

Unverhofft und still

Unverhofft und still geschieht ganz viel:
2. Vogel, klein mit zarter Kraft,
staunt, wie er das Fliegen schafft.
Unverhofft und still …

Unverhofft und still …
3. Schenkt mir jemand neuen Mut,
spür ich tief, wie gut das tut.
Unverhofft und still …

Unverhofft und still …
4. Wenn ich weiß: da mag mich wer,
drückt die Angst nicht mehr so schwer.
Unverhofft und still …

Unverhofft und still …
5. Viele Wunder fangen an,
weil ich selber lieben kann.
Unverhofft und still …

3. Maria und Martha – Zuhören oder Wirbeln

Lukasevangelium, Kapitel 10, Verse 38–42

I. Wie wir erzählen können

„Gleich kommt er", sagte Martha zu ihrer Schwester Maria. Aufgeregt lief sie in die Küche, rührte einmal die Suppe im großen Topf um und kam dann zurück ins Wohnzimmer. „Ich hab bestimmt was vergessen", murmelte sie. Sie rückte noch einmal die Blumen auf dem Tisch zurecht, prüfte die Teller und Gläser, ordnete noch einmal die Kissen in der Sitzecke. Dann entschwand sie wieder in die Küche.
Martha und ihre Schwester Maria wohnten in einem kleinen Dorf auf dem Weg, der aus dem Norden des Landes nach Jerusalem führte. Heute waren Jesus und seine Freunde in das Dorf gekommen. Am Brunnen hatte er Geschichten von Gott erzählt. Alle Menschen aus dem Dorf waren zusammengeströmt. Man hatte schon einiges über diesen Mann gehört. Jetzt war er bei ihnen, und die Leute waren neugierig.
Die beiden Schwestern hatten auch zugehört. Anschließend hatten sie Jesus zum Essen in ihr Haus eingeladen. Sie wollten noch mehr von diesen Geschichten hören. Jesus hatte die Einladung angenommen.
Martha war sofort losgelaufen, hatte Gemüse, Lammfleisch und Wein gekauft.
Zuhause hatten die beiden Schwestern Brot gebacken, das Gemüse und das Fleisch zubereitet. Martha hatte das Haus sauber gemacht, den Tisch gedeckt und mit Blumen aus dem Garten geschmückt. Zur Sicherheit hatte sie noch einmal das Öl in den Lampen kontrolliert. Und dann war ihr eingefallen, dass Jesus bestimmt gerne eine Suppe vor der Hauptspeise essen würde. Maria hatte gesagt, soviel könne

Jesus nie essen. Aber Martha meinte, es solle an nichts fehlen. Schließlich sei er ein ganz besonderer Gast.
Maria saß am Fenster im Wohnzimmer. Von dort konnte sie die Straße überblicken. „Er kommt", rief sie in die Küche. Sie sprang auf und lief zur Tür. Aus der Küche kam Martha, wischte sich die Hände an ihrer Schürze ab. An der Tür begrüßten sie Jesus.
Maria führte ihn ins Wohnzimmer zur Sitzecke, wo alles für das Essen vorbereitet war. Martha verschwand wieder in der Küche. Dann kam sie mit der Suppe. Jesus sprach das Dankgebet und segnete das Essen. Martha aß nicht viel von der Suppe. „Ich muss nach dem Fleisch sehen", entschuldigte sie sich und eilte in die Küche.
Maria fragte Jesus, wo er in den vergangenen Tagen gewesen sei und wo er anschließend hinginge. Jesus erzählte, dass er auf dem Weg nach Jerusalem sei.
Martha trug den Korb mit dem Brot und die Schalen mit Gemüse und Fleisch herein. Sie wollte sich gerade setzen, da fiel ihr ein, dass sie den Krug mit dem Wein vergessen hatte. Sie holte ihn schnell und schenkte ein. Dann reichte sie Jesus den Brotkorb und tat ihm Fleisch und Gemüse auf den Teller. Schließlich setzte sie sich. Während des Essens fragte sie Jesus immer wieder, ob er denn genug Wein habe, ob er noch etwas Fleisch haben wolle, ob ihm das Gemüse reiche. Und als Jesus mit dem Essen fertig war, forschte sie noch einmal nach, ob er denn auch satt geworden sei.
Dann trug sie Schalen und Teller hinaus, füllte den Krug mit Wein wieder auf und kündigte an, dass sie noch etwas Gebäck vorbereitet habe. Maria hatte sich inzwischen Jesus zu Füßen gesetzt. Sie bat Jesus, noch mehr Geschichten von Gott zu erzählen. Aufmerksam hörte sie ihm zu, während Martha noch kleine Teller und das Gebäck auf den Tisch stellte.
Martha blieb stehen und schaute ihre Schwester und Jesus an. „Sag mal, Jesus, findest du das richtig, dass ich das hier alles alleine mache? Die Schalen müssen jetzt noch sauber gemacht werden, sonst

trocknen die Reste an und die Küche muss wenigstens ein bisschen wieder in Ordnung gebracht werden. Und meine Schwester sitzt seelenruhig zu deinen Füßen. Sag du ihr doch, dass sie mir hilft."
Jesus schaute Martha an. „Martha, das Essen war sehr lecker. Du hast dir viel Mühe gemacht. Du hast mich bedient. Das ist sehr lieb von dir. Aber du quälst dich mit der Sorge, es könne nicht genug sein. Das, was Maria tut ist gut. Sie nimmt sich Zeit und Ruhe, um mir zuzuhören. Sie lässt sich von mir versorgen mit dem, was ich zu geben habe."

II. Informationen zur Geschichte

Zwei Frauen beschreibt Lukas, zwei Möglichkeiten, sich Jesus gegenüber zu verhalten, zwei Pole: Ruhe und Aktion, annehmen, was er gibt, und ihm geben. Diese zwei Pole werden nicht gegeneinander ausgespielt, sie sind Schwestern.
Die beiden Schwestern entsprechen beide dem überlieferten Gebot: „Du sollst den Herren, deinen Gott, lieben aus deinem ganzem Herzen und deiner ganzen Seele, mit deiner ganzen Kraft und mit deinem ganzen Denken und deinen Nächsten wie dich selbst." Das Gebot steht am Beginn des Gleichnisses vom Barmherzigen Samariter und diese wiederum vor der hier erzählten. Mit dieser Zusammenstellung richtet sich Lukas gegen Einseitigkeit.
Keine der beiden Schwestern wird aufgefordert, ihre Handlungsweise zu beenden. Martha wird von Jesus liebevoll darauf hingewiesen, dass die Angst, ihm nicht genug zu dienen, und die Sorge, alles laste allein auf ihr, ihr die Möglichkeit der Ruhe nimmt. Umgekehrt eröffnet das Hören auf Jesus Chancen und Kräfte, aktiv zu werden.

III. Kinder von ihren Erfahrungen erzählen lassen

Das Wahrnehmen und Unterscheiden von Zeiten, die der Arbeit dienen und Zeiten, die zum Innehalten und Zuhören einladen, hat im Alltag von Erwachsenen mit all ihren beruflichen und häuslichen Aufgaben sicher eine andere Bedeutung, als in der Lebenswelt kleiner Kinder. Und doch: Auch Kinder kennen und erfahren täglich den Wechsel von Ruhe und Bewegung, Anspannung und Entspannung, Zuwendung schenken und Zuwendung empfangen. In manchen Kindergärten drückt sich dies außerdem im Angebot von Funktionsräumen mit Bezeichnungen wie „Ruheraum", „Bauraum" oder „Bewegungsraum" aus. Andere Aspekte, die hierbei zur Sprache kommen könnten, sind:

- Wie unterscheiden sich die Werktage vom Sonntag in der Familie?
- Wie erlebe ich abends beim Zubettgehen den Übergang von Aktivität hin zur Ruhe?
- Gibt es bestimmte „Gute-Nacht-Rituale", die dabei helfen?
- Gibt es zu Hause bestimmte Tätigkeiten oder Pflichten (z.B. Zimmer aufräumen, beim Tischdecken helfen), die ich gern oder weniger gern tue? Und warum?
- Manchmal ist es schön, zuzuhören, wenn jemand etwas erzählt oder vorliest. Manchmal ist es aber auch langweilig und etwas anderes wäre in diesem Moment viel interessanter. Warum? Wem fällt ein Beispiel dazu ein?

IV. Mit Kindern auf dem Weg zur Erschließung

Ohren hören, Hände handeln – ein Legebild

Unsere Körperteile und Sinne können verschiedene Aufgaben übernehmen. Zwei Tücher oder große Papierbögen in den Farben Blau (= Raum der Ruhe) und Rot (= Raum der Bewegung) liegen ausgebreitet in der Mitte. Mehrere beidseitig bemalte Einzelbilder mit Sinnesorganen oder Körperteilen (auf einer Seite ist das Bild rot gezeichnet

oder grundiert, auf der anderen Seite blau) stellen die unterschiedlichen Sinne und Körperteile (Ohren, Augen, Hände, Füße, Bauch u.a.) dar. Gemeinsam mit den Kindern wird überlegt: Was erleben die Ohren mit ihrer „blauen Seite“ im „Raum der Ruhe“? Was gibt es für die „roten Hände“ alles im „Raum der Bewegung“ zu tun? Oder was passiert, wenn „rote Füße“ im „Raum der Ruhe“ auftauchen?
Durch entsprechendes Auslegen, Drehen und Wechseln der Bilder wird nach und nach deutlich: Hier wie dort ist Raum, um „ganz“ Mensch zu sein. Aber: Manchmal sind dazu klare Entscheidungen notwendig. In beiden Räumen gleichzeitig „ganz“ zu leben, ist nicht möglich. Alle Sinne und Körperteile brauchen für sich den Wechsel, um mit ihren verschiedenen Seiten „ganz“ zur Entfaltung zu kommen.

Tipp: Das Anfertigen der zweifarbigen „Wendebilder“ kann als kreatives Element am Anfang dieses Angebotes stehen.

Mit dem ganzen Körper „Ohr sein“

Jeder Mensch kennt individuelle Körperhaltungen, in denen eine entspannte Ruhe und Aufnahmebereitschaft zum Zuhören besonders gut erfahrbar wird: lang ausgestreckt liegend in Bauch- oder Rückenlage, zusammengekuschelt in einem Kissen oder eingewickelt in eine weiche Decke.
Gegenseitig führen sich die Kinder ihre „Lieblings-Zuhörhaltungen“ vor. Andere versuchen, diese mit ihrem eigenen Körper nachzuformen. Sie bekommen ein Gefühl dafür, was sie dabei als angenehm empfinden und was nicht.

Licht, Wärme – und was die „Erzählzeit“ sonst noch schön macht

Rituale werden häufig von vertrauten Zeichen begleitet und erleichtert. Wenn „Zeiten zum Ruhigwerden und Zuhören“ zu einer guten Gewohnheit werden sollen, können bestimmte Requisiten hierfür eine Hilfe sein: vielleicht eine Kerze, die nur in dieser Stunde angezündet wird, ein schön gestaltetes Kuschelkissen oder ein besonderer Becher, aus dem es in der „Zuhör-Zeit“ immer heißen Kakao gibt.

Entsprechend vielfältig sind die Möglichkeiten, an der Gestaltung solcher Zeichen mitzuwirken:

- eine Erzählkerze wird mit farbigen Wachsplättchen bunt verziert
- eine Kuschelkissenhülle lässt sich mit Stoffmalfarben ganz nach den eigenen Vorstellungen bemalen
- auf einfarbigen Bechern können mit wasserfesten Spezialfarben Bilder und Zeichnungen entstehen

Das nachfolgende Lied kann in eine Phase des Vorlesens und Erzählens einstimmen:

Horch, jetzt ist Geschichtenzeit

„Zeige, was du hörst“ – eine Rhythmik-Übung

Der Körper ist in der Lage, schnelle und ruhige Bewegungen zu machen. Hände und Füße, Arme und Beine können sich ganz entspannt „in Zeitlupe“ bewegen, so dass jede Regung sehr genau und bewusst wahrgenommen wird. Bei schnellen Bewegungen sind andere Dinge wichtig: Hier geht es zum Beispiel darum, in kurzer Zeit einen bestimmten Weg zu schaffen, an möglichst viele Orte im Raum zu kommen oder besonders große Sprünge zu vollbringen.
Das langsame oder schnelle, laute oder leise Spiel auf einem Instrument (z.B. Handtrommel oder Flöte) kann den Kindern hörbare Impulse für die eine oder andere Bewegungsart geben. Sie zeigen dabei mit dem Körper, was sie mit den Ohren als Stimmung aufnehmen. Gefühle der Erschöpfung und Erholung, Lust am „Umherwirbeln“ und das staunende Entdecken der vielen „leisen“ Bewegungsmöglichkeiten können eindrucksvolle Erfahrungen dieser Übung sein, für die viel freier Raum und genügend Zeit zum Wiederholen und Vertiefen einzuplanen sind.

4. Die verkrümmte Frau – Befreit und aufgerichtet

Lukasevangelium, Kapitel 13, Verse 10–17

I. Wie wir erzählen können

Meine Mutter ist eine sehr fromme Frau. An jedem Sabbat geht sie mit mir in die Synagoge, in unser Gotteshaus. Der Sabbat ist unser jüdischer Feiertag. Es ist ein Ruhetag. Als Gott die Welt geschaffen hat, hat er sechs Tage gearbeitet und am siebten Tag ausgeruht. Daran erinnert uns der Sabbat. Wir ruhen am siebten Tag aus und schöpfen neue Kraft. Dazu ist uns der Gottesdienst in der Synagoge sehr wichtig.

Meine Mutter kann nicht mehr arbeiten. Sie ist krank. Das hat vor achtzehn Jahren begonnen. Ich war damals fünf Jahre alt. Wir mussten zusehen, wie sie immer gebückter ging. Sie konnte sich nicht mehr aufrichten. Nichts zu machen, sagten die Ärzte. Sie konnte mich bald nicht mehr ansehen. Jetzt sieht sie immer nur ein kleines Stück Boden vor sich, nur immer die staubige Erde. Sie sieht keinen Baum mehr, keine Sonne, keine Sterne. Den Himmel kann sie nicht mehr anschauen, keine Vögel am Himmel, keine Wolken. Und sie hat Schmerzen. Jeder Schritt tut ihr weh. Sie kann nur noch langsam gehen. Sie war einmal eine lustige Frau. Mit mir und meiner Schwester ist sie oft gehüpft und gesprungen. Es macht sie traurig, dass daran jetzt gar nicht mehr zu denken ist.

Einige Leute sagen, sie sei kein richtiger Mensch mehr. Gerade der aufrechte Gang unterscheide den Menschen von anderen Wesen. Als meine Mutter das hörte, hat sie geweint. Andere sagen: Das muss ein böser Geist sein. Er hätte meine Mutter gefesselt.

In der Synagoge sitzt sie in einer Ecke, ganz hinten. In der Gemeinde hätten nur Gesunde Platz, hat man ihr gesagt. Trotzdem geht sie mit

mir jeden Sabbat zum Gottesdienst. Schweigend verfolgt sie aus ihrer Ecke heraus unseren Gottesdienst.
Heute ist es sehr voll in der Synagoge. Die Ecke meiner Mutter ist noch frei. Alle drängen nach vorne.
Ich bringe meine Mutter auf ihren Platz. Dann erkunde ich, was heute Besonderes los ist. Ich gehe zurück zu meiner Mutter: „Jesus ist hier“, erzähle ich ihr.
Die Gemeinde singt ihren Lobpreis, ein altes Loblied für Gott. Danach wird aus der Tora gelesen. Das sind die ersten fünf Bücher der Bibel. Anschließend erklärt ein Mann aus der Gemeinde das Vorgelesene. Das wird heute wohl Jesus tun.
Aber Jesus stellt sich nicht ans Pult. Er bahnt sich einen Weg durch die Menschen. Er geht direkt auf meine Mutter zu. Auf der Hälfte des Weges bleibt er stehen. „Frau!“, ruft er meine Mutter, „komm zu mir!“
Meine Mutter traut sich nicht aufzustehen. Ich mache ihr Mut. Gemeinsam gehen wir zu Jesus. Wir stehen vor ihm. Sie kann Jesus nicht ansehen.
„Frau, sei befreit von deiner Krankheit!“ sagt er. Er legt seine Hand auf ihren Rücken.
Und meine Mutter richtet sich auf. Sie schaut Jesus an. Sie sieht mich an. Sie blickt sich um. Leise beginnt sie zu singen. Von Wort zu Wort wird ihre Stimme kräftiger:

Gott ich will dir danken, solange ich lebe,
solange ich kann, werde ich von dir erzählen und singen.
Du hast Himmel und Erde gemacht,
das Meer, alles, was lebt.
Wer dir vertraut, den verlässt du nicht,
treu bleibst du bei ihm.
Du gibst Recht denen, die unter Willkür leiden,
und Hungrige machst du satt.
Du befreist Unterdrückte,

Niedergeschlagene richtest du auf.
Halleluja,
ich will dich loben mit lauter Stimme.

Die letzten Sätze singen alle mit. Alle kennen dieses alte Loblied. Nur der alte Vorsitzende der Gemeinde schweigt. Als das Lied ausgeklungen ist, sagt er: „Sechs Tage sollt ihr arbeiten, heute, am siebten Tag, ist Ruhetag. Sechs Tage könnt ihr kommen und euch gesund machen lassen, aber nicht heute am Sabbat."
„Was du sagst, ist unehrlich", antwortet ihm Jesus. „Jeder bindet seine Tiere auch am Sabbat los, damit sie zur Tränke gehen können. Da habe ich doch wohl das Recht, einen Menschen von den Fesseln seiner Krankheit zu befreien."
Ich sehe, wie sich der Vorsteher der Synagoge und einige Männer beschämt wegdrehen. Die anderen stimmen noch einmal das alte Loblied an.

II. Informationen zur Geschichte

Lukas verbindet eine Heilungsgeschichte mit dem Sabbat. Der Sabbat ist den Juden als Ruhetag geboten. Er gehört zur Schöpfung dazu. Zum Schaffen gehört die Ruhe. Ohne Ruhe wäre die Schöpfung bald erschöpft. Die Frau ist seit achtzehn Jahren unheilbar krank. Ihr Rücken ist gekrümmt. Nach jüdischer Auffassung ist es das Wesen des Menschen im Unterschied zu sonstigen Lebewesen, dass er aufrecht geht. Durch die Krankheit ist die Frau als Mensch in Frage gestellt. Sie kann nicht nach oben sehen, also auch nicht zu Gott aufsehen. So die damalige Überzeugung.
Der „böse Geist", der als Ursache für die Krankheit genannt wird, ist zu verstehen als etwas, was die Frau beugt oder unterdrückt. So kann die Krankheit eher psychisch als physisch verstanden werden.

Jesus geht auf die Frau zu. Nicht sie kommt zu ihm mit der Bitte, geheilt zu werden, sondern er wird aktiv. Er richtet sie auf, gibt ihr ihre menschliche Würde wieder.
Den Sabbat macht Jesus so zu einem Tag, an dem der Mensch seine ursprüngliche Gestalt und Würde zurückbekommt, nicht allein durch das Einhalten der Sabbatgebote. Gott gibt die Würde.
Das löst nicht nur Freude bei der Frau aus, sondern auch bei den Zuschauerinnen und Zuschauern: Der Mensch soll aufrecht seinen Weg gehen.

III. Kinder von ihren Erfahrungen erzählen lassen

- Wie ist das, wenn jemand mit einer Behinderung leben muss? Es gibt Behinderungen, die ein Leben lang andauern. Und es gibt vorübergehende Krankheiten, die meine Bewegungsfreiheit eine Zeit lang einschränken. Wer hat das schon mal erlebt?
- Kommt das auch in anderen Situationen vor, dass Menschen zu jemandem sagen: Mit dir will ich nichts zu tun haben. Du bist anders als wir. Mit dir stimmt etwas nicht. Vielleicht hast du selbst Schuld daran, dass du so bist. Warum wird so was gesagt? Wie reagieren die Betroffenen wohl darauf? Was könnte ihnen in dieser Situation weiterhelfen?

IV. Mit Kindern auf dem Weg zur Erschließung

„Hilf mir, mich aufzurichten“ – eine Rückenübung zu zweit

Meistens ist es uns gar nicht bewusst, dass wir im aufrechten Gang durchs Leben gehen. Erst, wenn wir uns bewusst nach unten beugen, merken wir vielleicht, dass unser Rückgrat aus vielen einzelnen Wirbeln besteht, durch die der Rücken beweglich und in seiner Form veränderbar ist. In einer Körperübung zu zweit kann das erfahrbar werden:

Die Kinder finden sich paarweise zusammen. Während eines von beiden sich nun bei gestreckten Beinen ganz locker und entspannt mit dem Oberkörper so weit nach untern neigt, dass die Hände den Boden berühren und der Rücken somit gekrümmt ist, wandert das andere Kind mit seiner Hand ganz ruhig und sanft Wirbel für Wirbel am Rücken des gebückten Kindes entlang. Es beginnt dabei an den Nackenwirbeln. Das gebückte Kind spürt, wie die Berührung sich langsam an seinem Rückgrat entlangbewegt und folgt der Hand des Kindes, in dem es sich vom Nacken her ebenso langsam wieder aufrichtet. Der Rücken geht sozusagen mit der Hand mit und ist am Ende wieder ganz gerade. Dann werden die Rollen getauscht.

Bewegungslied: „Du richtest mich auf, wenn ich traurig bin“

Auch mit dem folgenden Bewegungslied (S. 50) lässt sich die Geschichte körperlich nachempfinden.
Es kann als Begleitung zum Spiel der Kinder vorgesungen, aber auch von den Kindern mitgesungen werden. Zu beachten ist dabei der Aufbau in drei Teilen:
Der erste Teil (Melodie erklingt im „traurigen“ Moll) steht für die Erfahrung des Verkrümmtseins. Die Kinder empfinden dabei körperlich – dem Text entsprechend – nach, wie es der Frau mit dem verkrümmten Rücken ergangen ist. Sie merken, wie sich dadurch das Sichtfeld und alle Bewegungsmöglichkeiten einschränken.
Der zweite Teil (Melodie verwandelt sich in ein „fröhliches“ Dur) beschreibt ihre Heilung und ihre Freude darüber, die schließlich im Refrain ihren vollen Ausdruck findet.
Der Text dieses Refrains entspricht einem Vers aus dem Psalm, der in dem Erzählvorschlag zitiert wird und kann so zugleich für sich allein als Wechselgesang in Verbindung mit den übrigen Psalmversen gesungen werden (s.u.).

2. Die Arme reichen nicht heran an all die guten Sachen,
wer sich nur so bewegen kann, muss Vieles anders machen.

3. Der Kopf geht langsam hin und her, ich kann ihn ja nicht heben,
der Rücken krumm, die Schritte schwer – was ist das für ein Leben.

Traurige Linien – fröhliche Linien
Was gemalte Farben und Formen erzählen

Ein gekrümmter Rücken beschreibt einen Bogen, der sich nach unten neigt. Eine Umkehrung dieser Form würde bedeuten, dass ihre Enden nach oben weisen und ihr Ausdruck sich dadurch ganz entscheidend verändert: Die Form gleicht nun einem lachenden Mund oder erinnert an Arme, die sich dankbar zum Himmel strecken. Was mit dem Körper erfahrbar wird, lässt sich somit auch malend nachvollziehen:
Die Kinder bekommen die Aufgabe, im Bild zunächst die Trauer der gekrümmten Frau zu thematisieren. Dies geschieht nicht gegenständlich, sondern allein über die elementare Ausdruckskraft der Grundform, indem der Stift oder Pinsel auf der Malfläche in Bogenbewegungen geführt wird, die nach unten weisen und somit den gekrümmten Rücken der Frau symbolisieren. Am Ende verteilen sich auf dem ganzen Blatt viele kleine und große Bögen in Farben, die zum Thema „Trauer" passen. Dann verändert sich die Situation: Ein neues Bild entsteht, bei dem die Bogenbewegungen der malenden Hand nach oben schwingt. Wieder wird die Freude der geheilten Frau nicht gegenständlich zu Papier gebracht, sondern symbolisch in Formen und Farben, die an ihren lachenden Mund, an ihre zum Himmel gerichteten Arme erinnern. Schließlich werden beide Bilder miteinander verglichen. Sind Trauer und Freude aus ihnen herauszulesen?
Es ist ratsam, diese Aktion auf einer großen Malfläche auszuführen (z.B. auf der Erde mit ausgerollten Tapetenbahnen). Traurige und fröhliche Musik kann unterstützend das Malen begleiten.

Wechselgesang zum Psalm

Der Psalm lädt dazu ein, auch unabhängig von dieser Geschichte als Ausdruck von Lob und Dank in das Repertoire an Liedern und Gebeten der Kinder einzugehen. Das oben eingeführte Lied knüpft in seinem Refrain an die Schlusszeilen des Psalms an und unterlegt diese mit einer Melodie. Es ist möglich, den Psalm nun so miteinander zu singen und zu sprechen, dass nach jeweils zwei gelesenen Textzeilen als Kehrvers der gesungene Halleluja-Ruf angestimmt wird, wie er den Kindern aus dem Bewegungslied vielleicht schon vertraut ist:

> *Gott, ich will dir danken, solange ich lebe,*
> *solange ich kann, werde ich von dir erzählen und singen.*
> *(gesungen, siehe Refrain des Liedes:)*
> *„Halleluja, Halleluja, ich will dich loben mit lauter Stimme,*
> *Halleluja, Halleluja, ich will dich loben mit lauter Stimm'“*
> *(gesprochen:)*
> *Du hast Himmel und Erde gemacht,*
> *das Meer, alles was lebt.*
> *(gesungen:)*
> *„Halleluja …“*
> *usw.*

5. Kindersegnung – Kinder willkommen

Markusevangelium, Kapitel 10, Verse 13–16

I. Wie wir erzählen können

Jesus und seine Freunde saßen am Brunnen. Sie ruhten sich in der Abendsonne aus. Es war ein anstrengender Tag gewesen. Viele Leute waren zu ihnen gekommen. Sie hatten viele Fragen an Jesus. Geduldig hatte er zugehört und dann seine Antworten gegeben. Manchmal folgten aus den Antworten längere Gespräche. Doch nun war Ruhe. Einige der Freunde redeten noch über den Tag. Andere saßen still da oder hatten die Augen geschlossen oder schöpften etwas Wasser aus dem Brunnen.

Doch plötzlich war es vorbei mit der Ruhe. Eine Schar Kinder kam angelaufen. Ihnen folgten Mütter und Väter. Sie hatten Kinder an der Hand, trugen sie auf dem Arm, oder die Kinder saßen auf den Schultern. Sie kamen direkt auf Jesus und seine Freunde zu.

„Bist du Jesus?“, fragte ein kleiner Junge. „Was machst du hier?“, forschte ein Mädchen. „Mama hat gesagt, du segnest uns,“ sagte ein drittes Kind. Ein Vater wiederholte den Wunsch: „Bitte, Jesus, segne unsere Kinder.“ Und eine Mutter ergänzte: „Lege ihnen die Hände auf, dann bekommen sie Mut von Gott.“

Andreas sprang auf. „Was soll das?“, herrschte er die Mutter an. Und Judas pflichtete ihm bei: „Jesus ist nicht dazu da, um Kinder zu segnen! Und außerdem, die Kinder wissen noch gar nicht über Gott Bescheid.“ Philippus ließ sich sogar zu einem „Verschwindet und lasst uns in Ruhe!“, hinreißen.

Da fuhr Jesus hoch. „Seid ihr nicht gescheit? Was herrscht ihr die Kinder und ihre Eltern so an?“, schimpfte er. Seine Freunde wurden ganz kleinlaut. So ärgerlich hatten sie Jesus noch nicht erlebt. „Lasst

die Kinder zu mir kommen und hindert sie nicht daran", sagte er ihnen in einem scharfen Ton.
Das Mädchen stand noch neben Jesus. Er legte seinen Arm um ihre Schultern. Der neugierige Junge kuschelte seinen Kopf an Jesus. Und plötzlich hingen viele Kinder wie ein große Traube an seinen Beinen. Eins von ihnen nahm Jesus auf den Arm. Er drehte sich wieder zu seinen Freunden. „Diese Kindern werden von Gott angenommen. Sie gehören in seine neue Welt. Und ich sage euch: Wenn ihr Gott nicht so begegnet wie diese Kinder, dann gehört ihr nicht dazu."
„Ja, aber ...", wollte Andreas einwenden. „Andreas, ich weiß, was du sagen willst", unterbrach ihn Jesus. „Ihr glaubt immer noch, ein Kind habe vor Gott noch nichts vorzuweisen und darum bei ihm nichts zu suchen. Ihr habt es immer noch nicht begriffen: Gottes Nähe muss sich kein Mensch erst verdienen. Ihr habt doch gesehen: Die Kinder sind voller Zutrauen zu mir gekommen. So begegnen sie auch Gott und sagen vertrauensvoll: Vater. Sie glauben einfach: Gott hat uns lieb. Gott freut sich über soviel Vertrauen. Und das solltet auch ihr lernen."
Jesus setzte sich auf die Erde. Ein Kind nach dem anderen kam zu ihm. Jesus nahm jedes der Kinder in den Arm. Danach legte er jedem seine Hand auf den Kopf und sagte: „Gott freut sich über dich und lässt dich nicht allein."

II. Informationen zur Geschichte

Kinder gehörten bereits zur Gemeinde, sie waren aber nach der damals vorherrschenden Meinung noch unbedeutend. Ihnen fehlte die bildungsmäßige Voraussetzung. Sie konnten in Gottesdienst und Bibelgesprächen noch nicht mitreden. Die Unterweisung in der jüdischen Lehre, der Tora, begann erst mit der Geschlechtsreife.

Offen ist in der Geschichte das Alter der Kinder. Offen bleibt auch, wer die Kinder begleitet. Das scheint für die Geschichte nicht von Bedeutung.

Jesus soll die Kinder segnen. Ein solcher Segen wurde damals häufig gewünscht. Das Segnen geschah durch Handauflegen. Man erhoffte sich, dass damit Kraft weitergegeben wird. Die Kinder sollten an der heilenden Kraft Jesu Anteil haben.

Nur in dieser Geschichte ist im Markusevangelium zu lesen, dass Jesus „unwillig“ wird.

Jesus belehrt nicht die Kinder. Jesus belehrt die Erwachsenen: Nicht auf Grund einer Leistung, nicht auf Grund einer bestimmten religiösen Bildungsstufe ist Gott den Menschen nahe. Der Mensch soll Gott gegenüber nicht auf sein eigenes Können vertrauen. Jesus stellt das Vertrauen der Kinder den Erwachsenen als Beispiel vor Augen.

III. Kinder von ihren Erfahrungen erzählen lassen

- Oft werden Kinder mit der Begründung zurückgewiesen: Dafür bist du noch zu klein! Wer hat das schon mal erlebt? Wer kann sich vorstellen, warum dieser Satz in bestimmten Situationen gesagt wird?
- Wer kennt das Gefühl, wenn einem jemand die Hand auf den Kopf legt? Was ist dabei schön und was eher unangenehm? Bei welcher Gelegenheit kann das geschehen?
- Wie ist das mit Kindern in der Kirche? Was gefällt mir oder was stört mich dort? Wie müsste eine Kirche sein, in der sich Kinder wohl fühlen?

IV. Mit Kindern auf dem Weg der Erschließung

Meint Jesus auch mich? Handtheater mit „Fingerspitzengefühl“

Die biblische Geschichte kann von jedem Kind als Handtheater mit den zehn Fingern der eigenen Hände nachgespielt werden. Die eine Hand verkörpert dabei die Gruppe der Kinder, bei der anderen Hand steht der Zeigefinger für Jesus, während die anderen Finger diesen als „Erwachsene“ umringen.
Mit wasserlöslichem Filzstift werden die Fingerkuppen zunächst mit passenden Gesichtern bemalt. Wem es als Rechtshänder nicht gelingt, mit der linken Hand die Fingerkuppen der rechten Hand entsprechend zu „verkleiden“, kann sich dabei gut helfen lassen und anderen ebenso helfen.
Die Bewegungsmöglichkeiten der einzelnen Finger zum Nachspielen der Geschichte sind vielfältig: Sie können einander nahe kommen und sich entfernen. Die „erwachsenen“ Finger der einen Hand können die „Kinderfinger“ der anderen Hand zurückdrängen. Der Zeigefinger als „Jesus“ kann aber auch auf die Kinder zukommen und die anderen Erwachsenen hinter sich lassen. Und besonders schön: Er kann jedes einzelne Kind am Kopf (d.h. an den empfindsamen Fingerspitzen) zärtlich berühren.

Beim Namen gerufen

Jesus fragt nicht danach, was jemand kann oder vorzuweisen hat. Er ruft Kinder zu sich, weil er in jedem seine Würde und Einzigartigkeit erkennt. Während sich Erwachsene gern über Beruf, Erfolg und Vermögen definieren, sind Kinder auf bedingungslose Zuwendung, Liebe und Achtung angewiesen. Ein wichtiges Zeichen dafür, dass sie so wie sie sind das Recht auf Anerkennung und Schutz ihrer Persönlichkeit haben, ist der individuelle Name eines jeden Kindes. An ihm lässt sich schon für die Kleinen gut nachvollziehbar verdeutlichen: Wenn jemand dich beim Namen ruft, bist genau du gemeint. Einander kennen lernen und achten heißt auch, einander mit Namen ansprechen und damit zum Ausdruck bringen: Ich meine dich. Ich begegne dir mit Respekt vor deiner Einzigartigkeit.

Viele schöne Namen

Text und Musik: Susanne Brandt

Im Zeichen des Fisches: Collage aus Namensbildern

Die Bedeutung eines jeden Namens als Zeichen von Einzigartigkeit und Achtung der Persönlichkeit des Kindes kann auch durch individuell gestaltete Namensschilder zum Ausdruck gebracht werden. Es lässt sich in diesem Zusammenhang zugleich das Symbol des Fisches als Erkennungszeichen der Christen einführen, wenn die Kinder ihre Namen auf Tonpapierblätter in Fischform schreiben oder schreiben lassen und diese dann nach eigenen Vorstellungen mit bunten Verzierungen ausschmücken. Alle „Namensfische“ können anschließend eine große Collage ergeben, bei der sich die Fische der Kinder um einen Fisch in der Mitte scharen, der den Namen „Jesus“ trägt.

Abendsegen: Wenn die Nacht kommt

Jesus segnet die Kinder. Mit der Geste des Handauflegens erfahren sie durch ihn Gottes Liebe und Zärtlichkeit.
Es tut gut, sich dies in verschiedenen Situationen immer wieder in Erinnerung zu rufen.
So ist das Ende eines Tages mit der von Kindern oft als bedrohlich empfundenen Dunkelheit ein guter Zeitpunkt für ein Segenswort:

Segenslied

Text und Musik: Klaus-Uwe Nommensen

Einander begegnen – aufeinander zugehen – Frieden üben

6. Die Weisen aus dem Morgenland

Matthäusevangelium, Kapitel 2, Verse 1–12

I. Wie wir erzählen können

Sascha hängte den großen Stern an die Lampe in seinem Zimmer. Er sah zu, wie der Stern sich bewegte und das Licht der Glühbirne im ganzen Zimmer widerspiegelte.
„Nicht wegpacken", hatte Sascha seine Mutter gebeten, als sie die Weihnachtssachen wieder in die Kartons gepackt hatte. Sascha hatte im Kindergarten Goldpapier auf beide Seiten einer Pappe geklebt und dann den Stern ausgeschnitten. Sie brauchten ihn für das Weihnachtsspiel. Fremde Männer seien von weit her nach Bethlehem gekommen, wo Jesus geboren war, hatte die Erzieherin den Kindern erzählt.
Sascha hatte einen der Männer gespielt. Er hatte sich wie die anderen ein buntes Tuch als Mantel umgehängt. Ein zweites Tuch hatte die Erzieherin als Turban um seinen Kopf gewickelt. Andere Kinder hatten unterschiedliche Hüte aus Pappe gebastelt oder welche aus der Verkleidungskiste herausgekramt. Sein Gesicht durfte Sascha mit Schminke selbst etwas dunkler machen. „Du bist gar nicht wiederzuerkennen", hatte seine Mutter gesagt, als er vor dem Spiel noch einmal zu ihr gelaufen war.
Eigentlich wollte Sascha zuerst lieber der König sein, der damals in Jerusalem regierte. Aber König wollten viele sein, und so wurde ausgelost. Erst war Sascha enttäuscht, aber als er hörte, dass jeder der drei fremden Männer Diener haben sollte, war er wieder zufrieden. Es mussten auch mächtige Männer sein, dachte er.
„Die fremden Männer haben viele Bücher gelesen", hatte dann die Erzieherin den Kindern erzählt. „Sie hatten gelesen: Ein neuer Kö-

nig wird geboren. Er wird König für alle Menschen sein. Er will, dass alle miteinander in Frieden leben, egal wie fremd sie sich sind und wie verschieden sie sind. Er wird gerecht sein und niemanden unterdrücken. Er wird ein guter König sein. Und eines Tages haben die Männer einen hellen Stern am Himmel entdeckt. Und sie glaubten, dass jetzt der König geboren sei. So wie ein Stern die Nacht hell macht, wird auch der neue König die Welt hell machen. Sie wollten diesen König sehen, auch wenn es ein langer Weg sein würde. Das Licht des Sternes wird uns den Weg zeigen, davon waren sie überzeugt. Sie packten Lebensmittel für die Reise ein, Kleidung und Geschenke für den König. Sie brauchten Träger und Lasttiere für die vielen Kisten. Als sie alles zusammen hatten, zogen sie los. Neugierig zogen sie dorthin, wohin der Stern ihnen den Weg zeigte. So kamen sie nach Jerusalem. Dort sorgten sie und ihre Begleiter für Aufsehen. So verschiedene und fremdartige Menschen hatten die Jerusalemer noch nicht gesehen. Die Männer dachten, der König ist bestimmt im Palast geboren. Dort wusste niemand von der Geburt eines neuen Königs. Der alte König, Herodes, war sogar sehr erschrocken: Wollte ihm jemand seine Macht streitig machen? Er ließ seine Berater nachforschen. Die entdeckten in ihren Büchern, dass in Betlehem ein neuer König geboren werden solle. Herodes schickte die drei Männer dorthin. Und er bat sie, zurückzukommen, um ihm Bericht zu erstatten. Insgeheim überlegte er schon, wie er diesen neuen König aus dem Weg schaffen könnte. Die drei Männer zogen weiter nach Betlehem. Dort zeigte ihnen wieder der Stern den Weg zu der einfachen Hütte, in der sie dann das neugeborene Kind Jesus fanden. Sie gingen hinein und knieten vor dem Kind nieder. Sie holten ihre Geschenke herein. Sie freuten sich. Sie glaubten fest daran: Dies ist der neue König für alle Menschen. In der Nacht danach träumten sie, dass sie nicht noch einmal zu Herodes gehen sollten. So nahmen sie den direkten Weg nach Hause.“

Sascha hatte der Erzieherin gespannt zugehört. Er war jetzt erst recht froh, nicht den König Herodes zu spielen. „Der ist gemein“, dachte er.

In dem Weihnachtspiel im Kindergarten zogen die fremden Männer in einer langen Karawane vor Herodes. Saschas Stern hing mitten über der Spielfläche.
Sascha musste zu Herodes sagen: „Wir suchen den neuen König. Er ist hier geboren. Wir haben seinen Stern gesehen.“ Und dann fügte Sascha noch ein wenig trotzig hinzu: „Alle Menschen sollen Frieden machen. Das will der neue König so!“ Sascha war dieser Satz wichtig, obwohl er in seiner Rolle gar nicht vorgesehen war.
„Der neue König will: Alle Menschen sollen Frieden machen“, dachte Sascha, als er dem Stern an seiner Zimmerlampe zuschaute. „Und ich sehe seinen Stern.“

II. Informationen zum Text

Die Geschichte von den fremden Männern aus dem Osten ist nicht Teil der Kindheitsgeschichte, die Matthäus berichtet. Sie ist auch nicht Bestandteil der Weihnachtsgeschichte, die Lukas erzählt. Dass in Weihnachtsspielen und Krippen beide Erzählungen vermischt werden, ist eine Folge der Entwicklung dieser Geschichte in der Volksfrömmigkeit. Zu dieser volksfrommen Entwicklungsdynamik gehört auch, dass die Zahl der Männer, die Matthäus nicht angibt, auf drei festgelegt wird, und dass aus den Magiern Könige werden. Während im Mittelalter in den Ostkirchen noch lange die Zahl der Magier mit zwölf angegeben wird, werden sie im Westen mit den drei bekannten Erdteilen, somit mit der Weltkirche identifiziert. Ein Satz aus dem Buch des Propheten Jesaja („Und die Heiden werden zu deinem Lichte ziehen und die Könige zum Glanz, der über dir aufgeht.“ Jesaja Kapitel 60, Vers 3) und Sätze aus dem Psalm 72 („Die Könige von Tarsis und auf den Inseln sollen Geschenke bringen, die Könige aus Saba und Scheba sollen Gaben senden. Alle Könige sollen vor ihm niederfallen.“ Verse 10 und 11) sind wohl Grund dafür, dass die Magier zu

Königen werden. Magier sind Vertreter östlicher Theologie, Philosophie und Naturwissenschaft. Wo sie herkommen, erzählt Matthäus nicht.
Wir haben es in dieser Geschichte des Matthäus mit einer Legende zu tun. Legende bedeutet aber nicht unwahr; denn Matthäus will eine wahre Botschaft mit dieser Geschichte weitergeben: Der neue König ist für alle Menschen geboren. Und der Stern wird von Gott als Zeichen benutzt, um die Geburt über die Grenzen von Israel bekannt zu machen und dann die Fremden zu Jesus zu führen. Ein Randmotiv ist die Auseinandersetzung mit dem in Jerusalem ansässigen weltlichen König, der um seine Macht fürchtet.

III. Kinder von ihren Erfahrungen erzählen lassen

Je nachdem, welcher Aspekt der Geschichte besonders vertieft werden soll, sind unterschiedliche Fragestellungen möglich:
- Was lässt sich beim Betrachten eines Sternenhimmels alles entdecken?
- Besonders in der Advents- und Weihnachtszeit gibt es viele Möglichkeiten Sterne zu basteln, zu backen, zu kaufen etc. Wer kann Beispiele dafür nennen und beschreiben?
- Wie stelle ich mir einen König vor? Was sollen oder dürfen Könige tun – und was nicht? Was kann ein König tun, um den Frieden zu fördern?
- Wer hat das schon mal erlebt: nach langer Reise in einem fremden Land ankommen? Was für ein Gefühl ist das? Welche Schwierigkeiten und Ängste können dabei entstehen? Was ist schön und spannend? Was fällt mir an den Menschen dort auf?

IV. Mit Kindern auf dem Weg zur Erschließung

Von der Mitte in die Weite strahlen: Sternerfahrungen

Der Stern als Wegweiser spielt in dieser Geschichte wie im Weihnachtsgeschehen überhaupt eine besondere Rolle. In unzählig vielen Varianten und Materialien ist er den Kindern als weihnachtliches Symbol vertraut. Seine kreisförmig um einen Mittelpunkt angeordneten Zacken oder Strahlen sind ein charakteristisches Merkmal bei fast allen Darstellungsformen. Er trägt damit zugleich die Eigenschaften eines Mandalas.
Auch für den Stern von Bethlehem gilt: Seine Leuchtkraft geht von der Mitte aus. Das Licht aus der Mitte fließt ein in viele Strahlen, die das Licht hinaustragen in die Weite. So werden selbst weit entfernt lebende Menschen aufmerksam auf diesen Stern.

a) großer Bodenstern mit Teelichtern
Die Kinder sitzen im Stuhlkreis. In der Mitte brennt eine große Kerze. Die Erzieherin erläutert: Der Stern von Bethlehem braucht ganz viel Licht, um aus der Mitte heraus weit in die Welt hinein zu strahlen. So weit, dass selbst die Weisen aus dem Morgenland es noch sehen können. Das Licht in der Mitte braucht deshalb Verstärkung.
Es werden daraufhin weitere Kerzen an der mittleren Kerze angezündet und als Lichterkranz um sie herum gestellt, so dass die Mitte jetzt aus einem hell leuchtenden Kreis besteht.
Auch die Kinder haben zuvor Teelichter bekommen. Diese zünden sie jetzt nacheinander am Lichterkranz an und stellen sie strahlenförmig um die Mitte herum auf den Boden. Die Teelichter bilden am Ende also mehrere Reihen, die von der Mitte nach außen verlaufen. Betrachtet man das leuchtende Bodenbild von oben, ergibt sich das Bild eines Sterns.

b) die Gruppe als Stern
Nach dem gleichen Muster können auch die Kinder selbst zu „Lichtträgern“ werden: In der Mitte steht eine große Kerze. Einige Kinder

stellen sich als kleiner Kreis drum herum und zünden ihre Kerzen an der Mittelkerze an. Dann geben sie das Licht weiter an andere Kinder, die sich als Strahlen um die Mitte herum mit ihren Kerzen aufstellen. In jedem Strahl wandert das Licht nun Kerze für Kerze von der Mitte nach außen.

Die lange Reise als Friedensweg. Ein selbstgestaltetes Würfelspiel

Auf einem großen Tuch oder Kartonbogen werden die Felder eines Würfelspieles gemalt. Start ist die ferne Heimat der drei Weisen, das Ziel ist die Krippe mit dem Stern.
Im Gespräch mit den Kindern werden zunächst Einfälle gesammelt, was auf so einer langen Reise alles passieren kann. Wie ist das, wenn man Menschen trifft, deren Sprache man nicht versteht? Was ist fremd? Was ist besonders schön und interessant? Was macht Angst? Wo könnte es zu Missverständnissen kommen? Was ist, wenn daraus ein Streit entsteht? Die Vorschläge für solche möglichen „Ereignisse" werden von einem Erwachsenen auf „Ereigniskarten" notiert und gegebenenfalls mit der Frage verbunden: Was kann in dieser Situation helfen? Ergänzend dazu werden einige der Felder auf dem gemalten Spielplan mit Sternchen gekennzeichnet.
Auf den Weg machen sich drei Spielfiguren (für die drei Weisen), die entsprechend der gewürfelten Zahl vorwärts gehen. Erreichen sie dabei genau eines der „Sternenfelder", darf eine Ereigniskarte gezogen werden. Ergibt sich daraus eine Frage, wird nach einer friedlichen Lösung gesucht, wobei die Mitspieler gerne helfen dürfen. Es geht nicht darum, möglichst schnell ans Ziel zu kommen, sondern mit Würfelglück möglichst viele Sternenfelder zu erreichen und damit Ereigniskarten zu lösen und als Punkte zu sammeln. Gespielt werden kann zu dritt (Spielplan und Karten ggf. für mehrere Dreiergruppen, die gleichzeitig spielen wollen, kopieren) oder auch mit mehr als drei Kindern zusammen auf einem großen Spielplan. Dann ist jeweils ein kleines „Team" für eine Spielfigur verantwortlich. Größe und Gestaltung des Spielplans, Länge des Weges und Anzahl der Ereignis-

karten und -felder werden je nach Gruppengröße und Ideen individuell bestimmt.

Der Traum des Sterndeuters. Eine Legende mit Klangspiel

Der Faden der biblischen Geschichte kann auch in anderer Weise aufgenommen und weitergesponnen werden. Zum Beispiel so:
Die Gedanken an den Stern und an das Kind gingen ihnen nicht aus dem Sinn. Längst hatten die drei Männer ihre Heimreise wieder angetreten, da redeten sie noch immer über das, was sie in Betlehem gesehen hatten. Der Weg, den sie jetzt einschlugen, führte sie nicht noch mal am Hofe des Königs Herodes vorbei. Sie wussten, dass das Kind seinetwegen in Gefahr war. Gott hatte es ihnen im Traum gesagt.
Auch wenn es sich bei den drei Fremden aus dem Morgenland um wirklich kluge Männer handelte – ihr Wissen allein reichte oft nicht, um auf alle Fragen sofort eine Antwort zu finden. Sie verstanden aber die Sprache der Träume. Und so erfuhren sie mitunter Dinge, die keine Menschenstimme je zuvor hätte verkünden können.
„Als wir uns auf den Weg machten, dem Stern zu folgen“, fing plötzlich einer der Männer an zu berichten, „da hatte ich auch einen Traum“. Die anderen beiden sahen ihn erwartungsvoll an. „Nun?“, fragten sie. „Erzähle!“ „Das ist nicht so leicht zu erzählen“, erwiderte der erste zögernd. „Wie Glocken, so klang es mir in den Ohren. Es dauerte eine Weile, bis ich begriff, dass ich die hellen Stimmen der Sterne hörte.“ Und dann begann er mit seiner Geschichte: „Genau genommen besteht der Weihnachtsstern aus vielen kleinen Sternen. Als nämlich die Sterne erfuhren, dass aus ihren Reihen ein Licht kommen sollte, dass ganz anders, klarer und weiter leuchtete als alle Sterne je zuvor, da fingen sie an zu streiten. Mal hielt sich der eine für besonders geeignet, den Menschen einen Weg zu dem neugeborenen König zu zeigen, mal der andere. Der eine rühmte seine außergewöhnliche Größe und ein anderer war davon überzeugt, der Stärkste zu sein. Fast wäre es vor lauter Zankerei ganz dunkel am nächtlichen Himmel geblieben, weil sie sich einfach nicht einig werden konnten.

Da hatte der jüngste Stern von allen eine Idee: 'Am weitesten reicht unser Licht, wenn wir ganz dicht zusammenrücken und gemeinsam den Weihnachtsstern bilden. Einen unvergleichlich schillernden und funkelnden Stern! Einen Friedensstern! Und jeder von uns ist ein einzigartiger Funken in diesem einzigartigen Licht für diese einzigartige Nacht.' So geschah es dann auch. Kein Wunder also, dass selbst wir Sterndeuter keinen Rat wussten, als wir diesen merkwürdigen Schein am Himmel entdeckten.“
Ganz still war es, als der weise Träumer seine Geschichte beendet hatte. Und während die drei Männer schweigend in die Nacht hineinlauschten, kam es ihnen so vor, als klänge es noch immer glockenhell vom Himmel:

Klangspiel zum Lied:
Verschiedene Klanginstrumente mit glockenähnlichem Charakter (Triangeln, kleine Schellen, Becken, Zimbeln, Klangstäbe aus Metall) werden an die Kinder verteilt. Im Vergleich der akustischen und optischen Eigenschaften der verschiedenen Instrumente wird deutlich: Welche sind eher stark im Klang, welche eher fein, welche sind groß, welche klein? Danach teilen sich die Kinder in vier entsprechende „Sterngruppen“ auf. Sollte der Vorrat an Instrumenten nicht für alle Kinder reichen, bildet eine Gruppe ohne Instrumente den Chor.
Beim Singen des Liedes schweigen die Instrumente im ersten Liedteil. Im zweiten Liedteil stellt jeweils jene „Sterngruppe“ ihren Klang vor, die hier besungen wird. Im dritten Liedteil melden sich dann die anderen Sterne zu Wort. Der volle Klang aller Instrumente entfaltet sich schließlich besonders schön in der letzten Strophe. Am Ende klingt das Lied aus, indem die Melodie des ersten Liedteils noch mal gesummt wird und leise verhallt.

Text und Musik: Susanne Brandt

* *Dieses Wort verändert sich mit jeder Strophe*

2. Wer zeigt einen Weg …
   … der feinste Stern …

3. Wer zeigt einen Weg …
   … der stärkste Stern …

4. Wer zeigt einen Weg …
   … der kleinste Stern …

5. Ganz anders zeigt sich der Weg zum Kind,
   wenn alle gemeinsam der
   Weihnachtsstern sind,
   wenn all diese Sterne zusammen erklingen,
   dann hört man von Ferne den
   Weihnachtsstern singen:
   (1. Zeile gesummt wiederholen)

Gebastelte Sternenkrone als Zeichen für Jesus als Friedenskönig

Der Gedanke von den vielen einzigartigen Sternen, die gemeinsam das große Weihnachtslicht bilden, kann auch beim Basteln einer besonderen Tischlaterne zum Ausdruck kommen. Ihre kronenähnliche Form lässt sich zugleich lesen als Zeichen für den neugeborenen König. Im Licht dieser Laterne und vor dem Hintergrund der zuvor erklungenen „Sternentraumlegende“ sind Gespräche möglich, die seine Friedensbotschaft bildhaft veranschaulichen:
Dieser neugeborene König will nicht den Streit, sondern die Versöhnung. Er will nicht, dass die Stärkeren die Schwächeren unterdrücken. Dieser König spricht jedem Leben seinen Wert und seine Würde zu. Gerade die vielen Formen und Farben des Lebens bringen bei einem guten Miteinander die Friedenshoffnung zum Leuchten.

Bastelanleitung:
Aus Tonpapier wird ein Streifen mit Sternenzacken gebastelt und im ausgeschnittenen Innenfeld mit weißem Transparentpapier hinterklebt (s. Skizze). Aus Transparentpapier in Gelb- und Orangetönen reißen die Kinder nun ganz unterschiedliche „Schnipselsterne“ aus, die auf die weiße durchscheinende Fläche aufgeklebt werden. Die einfache Reißtechnik gibt schon den ganz kleinen Kindern, die noch Schwierigkeiten beim Ausschneiden haben, die Möglichkeit, ihren Teil zum Sternenlicht beizutragen. Schließt man den gezackten Streifen nun zum Kreis, fügt die Enden zusammen und stellt ein Kerzenlicht hinein, so eignet sich die Laterne gut, um als festlicher Mittelpunkt auf dem weihnachtlichen Tisch ihren Platz zu finden und hier an die Friedensbotschaft des Königs zu erinnern.

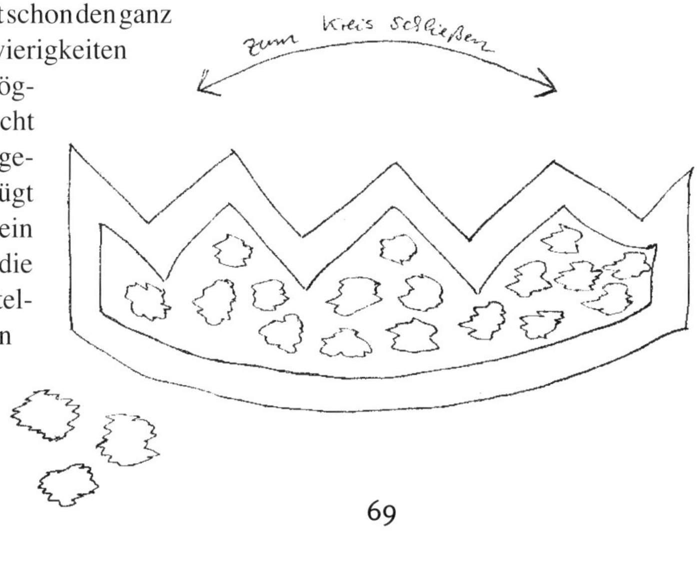

Jesus und die Samariterin am Brunnen

Johannesevangelium, Kapitel 4, Verse 1–26

I. Wie wir erzählen können

Jesus und seine Freunde waren schon einige Stunden gelaufen. Es war kurz vor Mittag. Die Sonne stand hoch. Schutzlos waren sie ihrer Hitze ausgeliefert. Kein Baum war zu sehen, in dessen Schatten sie sich hätten ausruhen können, überall nur trockenes Gras. Ihre Schritte waren immer langsamer geworden.
„Jesus, wir können nicht mehr", sagte Andreas. „Wir haben Hunger", fügte Johannes hinzu. „Und Durst", seufzte Jakobus, „unsere Vorräte sind fast aufgebraucht."
Jesus wischte sich den Schweiß aus dem Gesicht. „Ich weiß", sagte er, „ich brauche auch bald eine Pause. Ich bin auch durstig und hungrig und müde."
Endlich waren Häuser in Sicht. „Da hinten, ich sehe einen Brunnen!", rief Andreas. „Ja, da ist ein Brunnen!" „Ein Brunnen!", riefen auch andere freudig. Ihre Schritte wurden wieder schneller.
Johannes ließ als erster den Eimer an dem Seil in den Brunnen hinuntergleiten. Alle drängten sich um das Wasser. Jeder nahm mit beiden Händen daraus und ließ sich das Wasser über das Gesicht laufen. „Das tut gut", sagte Johannes. Er schöpfte noch einmal aus dem Eimer, diesmal um zu trinken.
„Ihr geht jetzt in die Stadt und kauft Brot", schlug Jesus vor, „ich warte auf euch hier am Brunnen." Die Freunde zogen los. Jesus setzte sich, lehnte seinen Kopf an den Brunnenrand und schloss die Augen. Neben ihm stand der leere Schöpfeimer.
Ein Klappern weckte ihn. Eine Frau stand am Brunnen. Sie hatte den Eimer genommen. Sie beugte sich über den Brunnenrand, ließ das

Seil durch ihre Hände gleiten. Jesus hörte, wie der Eimer auf dem Wasser aufschlug. Die Frau ruckte an dem Seil. Jetzt tauchte der Eimer seitlich in das Wasser. Mit kurzen kräftigen Bewegungen zog die Frau den Eimer wieder hoch.
„Gib mir bitte etwas Wasser zu trinken", sagte Jesus.
Die Frau schaute ihn an. „Du bist hier in Samaria", sagte sie, „und du kommst bestimmt nicht von hier. Du siehst aus wie ein Jude." „Ja, ich bin ein Jude", antwortete Jesus. „Juden reden nicht mit uns", sagte die Frau, „sie meinen, wir wären ihre Feinde".
Die Frau stellte den Eimer ab. Jesus nahm einen Schluck Wasser.
„Wenn du wüsstest, wer ich wirklich bin", sagte er, „dann hättest du mich um Wasser gebeten. Und ich hätte dir frisches Quellwasser gegeben."
„Wo willst du hier frisches Quellwasser herkriegen?" Die Frau lachte. „Der einzige Fluss hier in der Nähe ist ausgetrocknet. Wir haben nur diesen alten Brunnen hier."
„Ich weiß", sagte Jesus. Er nahm noch einen Schluck Wasser. „Du siehst, dieses Wasser löscht den Durst, und es erfrischt. Aber bei dieser Hitze muss ich immer wieder davon trinken." „Ja", antwortete die Frau, „ich muss mindestens dreimal am Tag Wasser holen".
Jesus nahm noch einen Schluck Wasser. „Das frische Wasser, das ich dir geben kann, ist ganz anders. Wenn du einmal davon getrunken hast, hast du keinen Durst mehr." Die Frau schaute Jesus erstaunt an. „Du kannst sogar anderen davon abgeben", fuhr er fort.
„Was ist das für ein Zauberwasser?", fragte die Frau. „Gib mir etwas davon!"
„Kein Zauberwasser", sagte Jesus. „Die Quelle, von der ich dir Wasser geben kann, ist Gott. Und wenn du einmal davon getrunken hast, dann wirst du vor Freude übersprudeln. Oder du hast einen großen Vorrat an Mut, wenn du einmal Vertrauen zu Gott geschöpft hast."

II. Informationen zum Text

Die Erzählung hat drei Ebenen:
1. Jesus begegnet einer fremden Frau.
Die Frau gehört zu den Samaritern. Deren Wohngebiet liegt zwischen Galiläa, der Heimat Jesu im Norden, und Judäa, dem Landstrich, in dem Jerusalem liegt. Jesus ist auf dem Weg von Jerusalem nach Norden und muss dabei samaritanisches Gebiet durchqueren.
Die Samariter werden von den Juden verachtet. Sie sind aus verschiedenen Gebieten dort angesiedelt. Jede Gruppe hat ihre eigene Religion mitgebracht. Inzwischen verehren sie denselben Gott wie die Juden, erkennen die fünf Bücher Mose, die Thora als ihre heilige Schrift an. Sie haben jedoch ihr eigenes Heiligtum und ihre eigene Art und Weise Gott zu ehren. So feiern sie nicht die üblichen Opferfeste, sondern Wortgottesdienste. Die Frau stellt fest: Juden verkehren nicht mit Samaritanern.
2. Es geht um elementare materielle Fragen.
Jesus braucht Wasser und Brot. Die Jünger besorgen das Brot. Die Frau soll Jesus mit Wasser versorgen.
Es ist die Rede von Brunnenwasser und Quellwasser, zwei verschiedenen realen Qualitäten von Wasser.
3. Das Elementare wird symbolisch gedeutet.
In dem Gespräch zwischen Jesus und der Frau wird deutlich: Wasser ist Symbol für eine Kraftquelle, die wirklich Leben ermöglicht. Die Frau missversteht zuerst diese Symbolik, vermutet ein Wunderwasser. Doch dann beginnt sie zu ahnen, dass Jesus als der Gesandte Gottes diese Kraft gibt.

III. Kinder von ihren Erfahrungen erzählen lassen

- Wer hat schon mal einen Brunnen gesehen?
- Wer kann sich vorstellen, wie ein Brunnen aussieht oder kennt vielleicht ein Märchen, in dem von einem Brunnen erzählt wird?
- Wasser ist für alle Menschen lebenswichtig. Wie, wann und wo nutze ich im Laufe des Tages Wasser?

IV. Mit Kindern auf dem Weg zur Erschließung

Wenn Makilo Wasser holt. Eine Bewegungsgeschichte

Makilos Weg zum Brunnen wird nicht nur mit Worten geschildert, sondern vor allem mit entsprechenden Bewegungen dargestellt. Die Kinder sind eingeladen, das pantomimische Spiel zur Geschichte spontan mitzumachen. Da so alles, was auf dem Weg zum Brunnen geschieht, allein mit den Ausdrucksmöglichkeiten des Körpers nachempfunden wird, kommt man ganz ohne Requisiten aus.
Der folgende Text dient dabei lediglich als frei nachzuerzählender Vorschlag, der in vielerlei Weise variiert werden kann:

Makilo lebt in Afrika. Die Gegend, in der er mit seinen Eltern und Geschwistern wohnt, ist sehr trocken. Täglich muss er einen langen Weg zurücklegen, um vom Brunnen Wasser zu holen. Er nimmt dafür immer einen großen Eimer mit.
(Mit den Händen die runde Form eines Eimers beschreiben).
Wenn er losgeht, ist der Eimer noch leicht. Bei jedem Schritt tanzt er am Tragebügel in Makilos Hand hin und her.
(Tanzende Bewegung beim Gehen mit dem Arm darstellen).
Manchmal setzt Makilo den Eimer auch auf seinen Kopf.
(Imaginären Eimer auf den Kopf setzen und festhalten)
Dort muss er ihn gut festhalten. Besonders, wenn er anfängt zu hüpfen.

(Kinder setzen ihren Weg hüpfend fort, wobei der Eimer weiterhin auf dem Kopf festgehalten wird)
Leicht kann es passieren, dass der Eimer polternd zu Boden fällt.
(Kinder bücken sich, um den Eimer wieder aufzuheben)
Schwierig wird es, wenn ein Graben zu überwinden ist.
Makilo versucht, zunächst den Eimer mit ausgestreckten Armen auf die andere Seite zu setzen, um dann selbst mit einem Sprung hinterher zu kommen.
(Grabenüberwindung in der beschriebenen Weise darstellen)
Geschafft! (Kleine „Verschnaufpause" einlegen)
Jetzt geht es immer mehr bergauf.
Die Schritte werden langsamer. Makilo hält den leeren Eimer jetzt wieder in der Hand.
Er muss sich bemühen, beim Anstieg mit ausgestreckten Armen das Gleichgewicht zu halten.
(Schwere Schritte bergauf)
Gleich aber ist der Hügel überwunden. Bergab geht es viel leichter.
(Leichtere Schritte bergab, den Eimer in der Hand schwingend)
Von Ferne hört er schon die Stimmen der Menschen am Brunnen.
Aber noch hat er sein Ziel nicht erreicht.
Er muss sich jetzt einen Weg bahnen durch ein Gestrüpp aus dornigen Pflanzen.
Schützend hält er den Eimer vor seinen Bauch.
Er schaut genau, wo er hintreten kann, damit er sich nicht verletzt.
(Mit großen Schritten durchs Gestrüpp klettern).
Die Stimmen der Menschen werden immer lauter.
Neben dem Brunnen ist eine Wasserstelle zum Baden.
Mit schnellen Schritten rennt Makilo die letzten Meter bis dahin, stellt den Eimer am Ufer ab und springt hinein in das kühlende Nass.
Fröhlich winkt er seinen Freunden zu, die er dort tobend und spielend im Wasser entdeckt.
(Der unbeschwerte Badespaß bringt den ganzen Körper in Bewegung)

Doch die Zeit drängt.
Makilo weiß, dass er noch einen langen Heimweg vor sich hat.
Und zu Hause warten alle auf das Wasser vom Brunnen.
Deshalb verlässt er die Badestelle bald wieder, nimmt seinen Eimer und reiht sich mit den anderen Menschen in die Warteschlange an der Pumpe ein.
Hier steht er eine Weile und schaut den Menschen vor ihm neugierig über die Schulter.
Endlich darf auch er die Pumpe zur Hand nehmen.
Er pumpt das klare Wasser in den Eimer.
(pumpende Armbewegungen).
Der Eimer ist jetzt sehr schwer.
Er muss aufpassen, dass er nichts von dem kostbaren Wasser unterwegs verschüttet.
Vorsichtig setzt er den Eimer auf den Kopf.
Vor ihm liegt wieder das Dornengestrüpp –
(Bewegungen ähnlich wie auf dem Hinweg)
dann geht es den Hügel hinauf –
(Bewegungen wie vorher, jetzt mit vollem Eimer aber noch beschwerlicher)
richtig gefährlich wird es vor allem beim Abstieg: Laufen und Springen ist mit dem vollen Eimer nicht mehr möglich.
Deshalb setzt er sich vorsichtig hin, drückt den Eimer mit dem Arm fest an seinen Körper und rutscht so langsam den Abhang hinunter.
(Bewegungen entsprechend ausführen; dann den Eimer wieder auf den Kopf setzen)
Nun liegt nur noch der Graben als Hindernis vor ihm.
Doch weiß er schon vom Hinweg, wie er den sicher überwinden kann.
(Bewegungen wie am Anfang. Wer erinnert sich noch, wie das ging?)
Gleich hat er es geschafft.
Er spürt die Müdigkeit in seinen Armen und Beinen.
Von der Hütte aus winkt ihm seine Mutter zu.

Makilo kann jetzt nicht zurückwinken.
Er braucht beide Hände, um den Eimer auf seinem Kopf auch die letzten Meter sicher zu halten.
Daheim angekommen, setzt er den Eimer vorsichtig ab. Erleichtert schüttelt er seine müden Arme aus. Dann setzt er sich in den warmen Sand, um sich ein wenig von dem langen Weg zu erholen. Erst jetzt spürt er, wie durstig er ist.

Alle sitzen am Ende entspannt auf dem Boden. Hier kann sich ein Gespräch über die lebenswichtige Bedeutung des Wassers anschließen. Aus einem Krug mit klarem Leitungswasser bekommen die Kinder einen Schluck zu trinken.

Wie Wasser das Leben „küsst". Ein Mandala als Legebild mit Naturmaterialien

Die Kinder sammeln draußen Naturmaterialien: Blätter, Blumen, Steine, Sand u.v.m.
Auf einem Platz im Freien oder im Zimmer wird als „Brunnen" eine große Tonschale mit Wasser gestellt. Sie bildet den Mittelpunkt, wenn die Kinder mit ihren gesammelten Materialien im Kreis zusammenkommen. Alles, was davon nun in Gestalt eines Bodenmandalas um das Wasser herum abgelegt wird, darf sich von dem Wasser „küssen" lassen: Steine werden ins Wasser eingetaucht und gewinnen so an Glanz und Schönheit, Blätter und Blüten werden vorsichtig mit Tropfen betupft, Sandspuren mit nassen Händen in Form gebracht.

Die Kinder sehen: Wasser dient nicht nur der Lebenserhaltung. Mit dem Wasser lässt sich auch Zärtlichkeit, Schönheit, Form und Beziehung ausdrücken.

Einander mit Wasser beschenken

Wird Wasser als lebenserhaltendes Geschenk empfunden, so kommt auch dem Schenken als beziehungsstiftende Geste besondere Bedeutung zu. Einander mit Wasser zu beschenken, steht im Mittelpunkt des folgenden Angebotes:

Auf einem Tisch stehen so viele Becher wie Kinder in der Gruppe sind. Eine Hälfte der Becher ist mit Wasser gefüllt, die übrigen Becher sind leer. Sie stehen ungeordnet beieinander und sind mit einem Blättchen Papier zugedeckt, dass niemand in die Becher hineinschauen kann. Jedes Kind zeigt nun an, welchen Becher es gern nehmen möchte. Erst, wenn es den Becher in der Hand hält, stellt sich heraus, ob der Becher leer oder gefüllt ist. Wer einen gefüllten Becher bekommen hat, sucht sich nun ein Kind mit einem leeren Becher, um ihm von seinem Wasser etwas zu schenken. Vorsichtig wird ein Teil des Wassers aus dem vollen Becher in den leeren gegossen. Am Ende haben alle Kinder genug Wasser in ihren Bechern, um mit einigen Schlucken ihren Durst zu löschen.

Spruch- oder Singvers zu Joh 4,14

Dem folgenden Spruch liegt ein Vers aus dem Bibeltext – Joh 4,14 – zugrunde. Er kann immer dann zur Einstimmung erklingen, wenn eine bewusste Handlung mit Wasser vollzogen wird:
z.B. bei der beschriebenen Gestaltung eines Natur-Mandalas oder beim Austeilen von Wasser.
Größeren Kindern und Erwachsenen wird es gelingen, die vertonte Fassung als Kanon zu singen, um so das ewig Fließende des Wassers auch über die endlos im Kreis fließende Melodie zu verinnerlichen:

Wasser, das zur Quelle wird.
Quelle in mir.
Quelle in dir.
Quelle zum Leben,
von Jesus gegeben.

Text und Musik: Susanne Brandt

... der werfe den ersten Stein

Johannesevangelium, Kapitel 8, Verse 1–11

I. Wie wir erzählen können

An jenem Morgen war Jesus mit uns wieder in den Tempel gegangen. Ich gehörte zu seinen Begleitern, besser noch zu seinen engsten Freunden. Mein Name ist Andreas.
Der Tempel war unser großes Gotteshaus in Jerusalem. Hohe Mauern umgaben ihn. Zuerst kam man auf einen großen Platz, den Vorhof. Von dort führte ein Tor in den eigentlichen Tempel.
Jesus ging mit uns fast jeden Tag in den Tempel. Dort setzte er sich im Vorhof auf einen Mauervorsprung und erzählte den Menschen immer wieder neue Geschichten von Gott. Jeden Tag standen und saßen sie dichtgedrängt um ihn herum.
Den frommen Leuten im Tempel passte das gar nicht. Jesus sprach anders von Gott als sie. Vor allem eine Gruppe, die Pharisäer, lehrten einen strengen Gott, der darauf achtet, dass die Menschen alle Gesetze genau einhalten. Nur dann sei er gut zu ihnen. Jesus sagte: Gott ist gut zu euch, weil er euch lieb hat.
Auch an jenem Morgen war der Vorhof im Nu überfüllt. Plötzlich gab es Lärm am Eingang. Ich hörte Rufe und Schreie. Eine kleine Gruppe bahnte sich einen Weg durch die Menschenmenge. Es war eine Gruppe Pharisäer. Laut redeten sie durcheinander. Sie stießen und zogen eine Frau mit sich in ihrer Mitte. Die Menschen reckten ihre Hälse. Sie waren natürlich neugierig. Die Pharisäer mit der Frau kamen direkt auf Jesus zu.
„Hier", sagte einer von ihnen zu Jesus und schubste die Frau direkt vor seine Füße. Aber Jesus schaute gar nicht hin.

„Hier“, wiederholte der Pharisäer und gab der Frau mit seinem Fuß noch einen Stoß, „sieh sie dir an, die Schlampe. Wir haben sie mit einem fremden Mann erwischt. Sie hat ihren Mann betrogen.“
„Unser Gesetz“, ereiferte sich ein anderer, „unser Gesetz, das wir von Gott haben, sagt: Unter euch sei keine Schandtat. Wer eine Schandtat begeht, macht damit das ganze Volk vor Gott schlecht. Das ist wie eine ansteckende Krankheit. Er muss darum getötet werden. Darum sagt das Gesetz: Diese Frau ist mit Steinen zu töten.“
Gebannt verfolgten die Menschen die Szene. Jetzt trat ein dritter aus der Pharisäergruppe vor und sagte: „Jesus, du weißt doch so genau Bescheid über Gott. Sag uns: Sollen wir die Frau mit Steinen töten?“
Langsam verstand ich: Die Pharisäer wollten Jesus reinlegen vor all diesen Menschen. Wenn er sagt, Gott hat diese Frau immer noch lieb, steinigt sie nicht, ist er nach dem Gesetz genauso schuldig wie die Frau. Dann könnten sie ihn auch töten. Stimmt er ihnen zu, wird er unehrlich. Er ist doch hingegangen zu denen, die schuldig geworden sind. Er hat ihnen gesagt: Gott möchte dir helfen, neu anzufangen. Und davon hat er auch viele Geschichten erzählt.
Jesus antwortete jetzt nicht. Schweigend malte er mit dem Finger im Sand. Die Pharisäer wurden unruhig „Sag was!“ „Was sollen wir jetzt tun?“ „Urteile!“ „Töten oder nicht?“, riefen sie durcheinander. Auch die Leute riefen: „Ja, was sagst du dazu?“
Jesus schaute auf. „Wer von euch ohne irgendeine Schuld ist, der werfe den ersten Stein.“ Dann malte er weiter im Sand.
Die Menschen waren plötzlich still geworden. Zuerst drehten sich die Pharisäer um und gingen. Dann auch die anderen. Wir waren mit der Frau und Jesus allein.
Jesus stand auf. Er ging auf die Frau zu. Sie hockte immer noch ängstlich am Boden. Er reichte ihr die Hand: „Komm, steh auf. Es hat dich niemand verurteilt. Ich verurteile dich auch nicht.“ Die Frau richtete sich auf. Sie wischte sich die Tränen aus den Augen. Sie sah Jesus an. „Geh jetzt wieder deinen Weg“, sagte er, „du weißt, was du mit

deiner Schuld zu tragen hast. Belaste dich nicht noch mit neuer Schuld."
Still drehte sich die Frau um. Sie ging durch das große Tor wieder in die Stadt zurück. Ich sah ihr nach. Zuerst setzte sie ihre Schritte zögerlich. Aber mit jedem Schritt wurde ihr Gang fester.

II. Informationen zum Text

Keine Moral, sondern zwei Konflikte beinhaltet diese Geschichte. Zum einen der Konflikt der Frau mit dem Gesetz. Nach jüdischem Recht ist der Ehebruch mit dem Tod zu bestrafen (3. Mose bzw. Levitikus, Kapitel 20, Vers 10). Zum anderen der Konflikt der Schriftgelehrten und Pharisäer mit Jesus. Die Pharisäer sind eine Gruppe in der jüdischen Gemeinde, die die Auffassung vertreten, Gottes Zuwendung sei nur durch das strikte Einhalten der Gesetze zu erreichen. Verstößt ein Teil der Gemeinschaft, also auch ein Einzelner gegen das Gesetz, so kann das Auswirkungen auf Gottes Zuwendung zur gesamten Gemeinschaft haben. Sollte Jesus die Frau begnadigen, stellt er sich gegen das Gesetz und so auch gegen die Gemeinschaft.
Jesus ist inzwischen bekannt als jemand, der Gottes Zuwendung nicht von der Leistung abhängig macht, die darin besteht, das Gesetz einzuhalten. Er geht immer wieder auf diejenigen zu, die damit gescheitert sind. Damit stellt er aber nicht das damalige Gesetz in Frage, sondern seinen Stellenwert. Die Frau und ihr Vergehen werden benutzt, um Jesus aufs Glatteis zu führen.
Die Antwort Jesu ist so raffiniert wie die Frage. Sie legt das Problem offen, dass der Mensch nicht so vollkommen ist und schuldlos leben kann. Die Frau bekommt eine Chance, wobei die Schuld als solche benannt wird. Aber auch die Ankläger erhalten Gelegenheit, sich ihr religiöses Gedankengebäude und ihre Handlungsweise bewusst zu machen und sie zu überdenken.

III. Kinder von ihren Erfahrungen erzählen lassen

Die Geschichte von der Ehebrecherin als eine Geschichte für Kinder? Auf den ersten Blick vielleicht nicht. Und doch: Gerade weil Jesus sich eben nicht nur mit den „bequemen“ Seiten des Lebens beschäftigt. Gerade weil er dort ist, wo Menschen in Leid und Schuld verstrickt sind, soll diese Geschichte hier nicht fehlen. Dass Ehen zerbrechen und dass Menschen selbst in der Familie einander Schmerzen zufügen können, gehört durchaus zur Erfahrungswelt vieler Kinder. Aber allein um diese spezielle Problematik geht es in dieser Geschichte gar nicht.
„Der hat Schuld!“, hört man Kinder oft rufen, wenn sie jemand anders für ein Fehlverhalten, eine empfundene Verletzung oder Ungerechtigkeit verantwortlich machen wollen. Von einer so alltäglichen Streitsituation bis hin zu dieser Geschichte ist es nur noch ein kleiner Schritt:

- Wie ist das, wenn jemand zu mir sagt: „Du hast Schuld!“? Wer hat das schon mal erlebt? Worum ging es dabei? War der Vorwurf berechtigt oder nicht? Wer kann überhaupt entscheiden, ob jemand Schuld hat?
- Schmerz und Unrecht, das mir selbst zugefügt wird, spüre ich sofort, weil es mir weh tut. Aber wie ist das mit Schmerz und Unrecht, das andere erleiden müssen? Kann ich mir vorstellen, was für ein Gefühl das ist? Was kann ich tun, um Menschen davor zu schützen?

IV. Mit Kindern auf dem Weg zur Erschließung

Aus „Konfliktsteinen“ werden „Versöhnungssteine“

Mit Steinen kann man andere verletzen. In der Geschichte soll die Schuld der Frau gewaltsam mit Steinen zum Ausdruck gebracht werden. Wie aber lassen sich Konflikte gewaltfrei lösen?

Dazu bietet sich folgende Gruppen-Aktion an:
Die Kinder bilden zwei Gruppen, die sich in zwei Reihen gegenübersitzen. Jedes Kind bekommt einen Stein in die Hand, auf den es seinen Namen schreiben (lassen) darf.
In der breiten Gasse, die zwischen den beiden Kinderreihen liegt, steht ein leerer Korb. Bei einer ersten Erzählrunde geht es darum, Situationen und Erlebnisse zu benennen, die als ungerecht, falsch oder gemein empfunden werden. Oft kommt dabei auch die Schuldfrage zur Sprache. Bin ich selbst schuld, das etwas schiefgegangen ist? Hat jemand anders Schuld an dem, was passiert ist? Es ist den Kindern freigestellt, ob sie über diese Frage nur still für sich nachdenken möchten oder ob sie den Konflikt, der ihnen dazu einfällt, offen schildern. Ausdiskutiert werden die Probleme in dieser Runde nicht. Zunächst geht es darum, genau zuzuhören, was jeder Einzelne zu sagen hat. „Gewicht" im wahrsten Sinne des Wortes erhält jeder Gedanke bzw. jeder Wortbeitrag zeichenhaft durch die Steine in der Hand der Kinder, die dafür nacheinander in den Korb zwischen ihnen abgelegt werden, bis dieser am Ende ganz schwer ist.
In einer zweiten Runde geht es nun darum, gemeinsam über gewaltfreie Möglichkeiten nachzudenken, die zur Klärung eines Konfliktes oder Problems beitragen können. Jetzt darf auch diskutiert werden. Die Namen auf den Steinen im Korb helfen, sich daran zu erinnern, wer vielleicht was dazu gesagt hat. Ist ein Konflikt in dieser Weise gemeinsam besprochen und eventuell sogar ein Lösungsansatz gefunden, wird der Stein aus dem Korb herausgenommen und in der Gasse auf den Boden gelegt. Hier reiht sich jetzt Stein für Stein so aneinander, dass die „Versöhnungssteine" allmählich eine Brücke bilden, die die beiden Kinderreihen über die Gasse hinweg miteinander verbindet.

Bilderbuch-Tipp: Wie Steine, die gegen Menschen fliegen, zu Steinen der Versöhnung werden können, erzählt auch der Bilderbuch-

Klassiker „Die Kinderbrücke“ von Max Bolliger (über jede Buchhandlung und ihn vielen Büchereien erhältlich). In der Geschichte setzen Kinder dem gewalttätigen Streit zwischen Erwachsenen eine Ende, indem sie die geworfenen Steine als Brückensteine verwenden und somit eine Annäherung der zerstrittenen Menschen herbeiführen. Es bietet sich an, das Bilderbuch hier ergänzend zum Thema mit den Kindern anzuschauen.

Im Sand malen

Die Geschichte erzählt davon, dass Jesus ganz ruhig mit dem Finger im Sand malt, obwohl die Stimmung der Menschen um ihn herum sehr aggressiv und angespannt ist. Warum verhält er sich so?
Das Malen im Sand ist ein sehr beruhigender, kreativer, sinnlicher und sanfter Vorgang, der einen krassen Gegensatz bildet zu der Absicht, mit Steinen auf Menschen zu werfen. Entspannung und Konzentration werden dabei in besonderer Weise gefördert.
Es ist gewiss kein Zufall, dass Jesus zu diesem Mittel greift, um sich die Sache so in aller Ruhe durch den Kopf gehen zu lassen, vielleicht auch, um seinen eigenen Zorn über die Aggressivität der Pharisäer zu besänftigen.
Auch Kinder können diese Erfahrung machen. Die Mittel dafür sind leicht zu beschaffen: Im Zimmer dienen notfalls ausgelegte Folien, eine große Tisch- oder Holzplatte oder Tabletts als Unterlagen, die mit feinem Sand ausgestreut werden. Im Freien bieten sich rund um die Sandkiste viele natürliche Flächen an. Und schon kann es losgehen …
Wer mag, kann die ruhige Atmosphäre beim Malen durch Entspannungsmusik unterstützen.

„Wenn etwas nicht in Ordnung ist“

Das folgende Lied ermutigt dazu, für Menschen einzutreten, denen Gewalt zugefügt wird. „Wenn jemand einen andern haut, dann sag ich: Lass das sein!“ heißt es da an einer Stelle, und bei dem Wunsch „nicht zu vergessen, wie sich andre manchmal fühlen“ geht es um die

Fähigkeit, sich in die Not, Angst oder Schuld anderer hineinzuversetzen. So wie Jesus es im Umgang mit der Ehebrecherin vormacht. Es kommt darauf an, Kinder für solche Konfliktsituationen zu sensibilisieren. Sie müssen nicht den großen Helden spielen, aber sie können durch ihr „Nein!“ vielleicht dazu beitragen, ein Hochschaukeln von Gewalt in alltäglichen Streitigkeiten zu verhindern und Solidarität mit den Schwächeren zu üben. Alles das kann ein Anfang sein.

Für die Zeilen 1 und 2 können mit den Kindern weitere Varianten erfunden werden:

- Wenn jemand dauernd Ärger macht …
- Wenn ich was Dummes machen soll …
- Wenn mir was nicht geheuer ist …

Refrain
C a F G C
Je - der kann ir - gend - wo den An - fang ma - chen, auch die
a F G a e
klei - nen Leu - te, auch die Schwa-chen: Streit be - en - den,
a e a e
mit - ein - an - der spie - len, nicht ver - ges - sen, wie sich
a e F G
an - dre manch-mal füh - len. Und wenn's sein muss, sa - gen:
e a C F G C
Halt, das ist ge-mein! Al - les das kann ein An - fang sein.

Der blinde Bartimäus – Mit offenen Augen

Markusevangelium, Kapitel 10, Verse 46–52

I. Wie wir erzählen können

Ich bin Bartimäus. Ich lebe in der Stadt Jericho. Die Leute in der Stadt nennen mich nur der Blinde. Seit meiner Geburt kann ich nicht sehen. Inzwischen bin ich ein junger Mann. Aber ich habe nie lesen und schreiben lernen können. Darum habe ich auch keine Arbeit. Ich lebe davon, dass ich bettele. So taste ich mich jeden Morgen von meinem Nachtlager an das Stadttor. Da kommen viele Menschen vorbei. Dort treffen sich auch viele Menschen. Sie erzählen. Sie besprechen dort wichtige Ereignisse miteinander. Viele ihrer Stimmen sind mir schon vertraut und auch das, was sie sich zu berichten haben. Aber ihre Gesichter habe ich nie gesehen.
Vor dem Stadttor sitze ich am Wegrand. Ich habe meinen Mantel vor mir ausgebreitet. Ab und zu höre ich, wie eine Münze auf den Mantel fällt. Ich sage höflich danke, aber von den Leuten spricht kaum jemand mit mir. Mit solchen Leuten wie mir redet man nicht.
Ich sehe nicht, wer da vorbeikommt. Ich höre aber, wenn jemand einen Bogen um mich macht. Ich kann auch genau mit meinen Ohren unterscheiden, ob es reiche oder arme Menschen sind, Händler oder Soldaten. Ich höre, ob sie ein Tier dabei haben oder mehrere. Ich höre, ob es ein Maultier ist oder ein Pferd und ob die Tiere beladen sind. Ich schmecke den Staub auf meinen Lippen, den die Menschen und Tiere aufwirbeln. Ich rieche ihren Schweiß. Ich kann feststellen, ob es Fremde sind.
Es ist noch früh heute. Viele Menschen gehen in die Stadt hinein. Plötzlich höre ich viele Stimmen. Sie kommen aus dem Stadttor. Ein Menschenauflauf. Die Stimmen werden immer lauter. Ich spüre den Staub. Ich höre einzelne Stimmen. Ich höre einen Namen: Jesus.

Von ihm haben die Leute im Stadttor schon erzählt. Einige sagen, er sei der Retter, den unser Volk erwartet. Unsere alten Bücher sagen: Wenn der Retter kommt, werden Blinde sehen. Das hat mir noch mein Vater erzählt.
Jetzt sind die Menschen ganz dicht vor mir. Ich spüre das Gedränge. Ich will es versuchen. Ich rufe: „Jesus, hilf mir!" „Ruhe!", bekomme ich von den Leuten vor mir zu hören. Ich vernehme ihren grimmigen Tonfall. „Sei still! Wir wollen hören, was Jesus zu sagen hat."
Ich stehe auf. Ich lege meine Hände an den Mund und rufe noch einmal: „Jesus, hilf mir." Und wieder antworten die Leute. Ich höre ihre Wut im Gesicht: „Bleib, wo du bist und sei still!" „Gib endlich Ruhe!" Die Menschen drängen mich weg vom Weg. Ich spüre sie wie eine Mauer vor mir. Da komme ich nicht durch zu Jesus. Und wie soll ich ihn finden. Helfen werden die mir bestimmt nicht. Eher werden sich mich wegschubsen. Sie werden mich wieder an den Wegrand drängen, dahin, wo ich für sie hingehöre.
Ich lege meine Hände noch einmal an meinen Mund. Diesmal schreie ich so laut ich kann: „Jesus, bitte hilf mir!"
Plötzlich ist es still vor mir. Ich spüre, wie die Menschen mich nicht mehr wegdrängen. Eine fremde Hand nimmt meinen Arm. „Bist du Jesus?", frage ich. „Nein, aber Jesus hat gesagt, wir sollen dich zu ihm bringen", antwortet eine Frauenstimme. Die Frau führt mich auf den Weg, mitten unter die Leute. Dann bleiben wir stehen.
„Was willst du von mir?", das muss Jesus sein. „Ich möchte sehen können." Einen Augenblick geschieht nichts. Dann sagt Jesus: „Du hast Gott und mir vertraut. Du wirst sehen."
Plötzlich ist es hell vor meinen Augen. Es ist mir zu hell. Ich halte meine Hände vor die Augen. Langsam nehme ich meine Hand wieder aus dem Blick. Schemenhaft erkenne ich Gesichter vor mir. Zum ersten Mal in meinem Leben kann ich sehen.
Jesus möchte weitergehen. Ich will nicht mehr an den Wegrand zurück. Ich kann jetzt mit den anderen auf dem Weg mitgehen. Ich sehe

den Weg und die Menschen noch verschwommen. Ich wische mir die Freudentränen aus den Augen. Ich will mit Jesus mitgehen. Ich schaue mich noch einmal um. Da hinten am Weg liegt noch mein Mantel. Egal.

II. Informationen zum Text

Von Jericho aus beginnt der Weg Jesu nach Jerusalem. Am Wegrand sitzt Bartimäus. Als Blinder ist er gesellschaftlich dorthin verwiesen. Dort haben die Leute ihm seinen Platz zugeteilt. Er, der nicht sehen kann, wird von den anderen kaum eines Blickes gewürdigt. Böse Blicke erntet er, als er nach Jesus ruft. Er hat draußen zu bleiben, auch Jesus gegenüber. Wie eine unüberwindbare Mauer schotten die Leute Jesus von ihm ab. Die einzige Möglichkeit, diese Menschenmauer zu überwinden, ist sein Hilfeschrei. Bartimäus wird aktiv, weil er auf Jesus hofft: Er ruft. Der erste Ruf prallt an der Mauer ab, erst der Schrei dringt durch. Jesus lässt ihn zu sich bringen, vom Wegrand wegholen. Bartimäus kann dann wieder sehen. Zur Begründung nennt Jesus den Glauben des Blinden. Schließlich bleibt Bartimäus mit Jesus auf dem Weg nach Jerusalem.
Das Wunder der Geschichte geschieht nicht erst, als Bartimäus wieder sehen kann. Seine Situation verändert sich bereits, als er von Jesus auf den Weg gerufen wird. Auch das Verhalten der Leute ändert sich: Jesus fordert sie auf, den Blinden zu ihm zu bringen. Die Mauer, die Weg und Wegrand trennt, wird zum Weg. Den Menschen auf dem Weg werden die Augen geöffnet für den Menschen am Wegrand. Möglich, dass die Veränderung bereits beginnt, als Bartimäus aktiv wird, als er umsetzt, was er über Jesus gehört hat, aus Vertrauen auf Jesus nach ihm ruft: Dein Glaube hat dir geholfen.

III. Kinder von ihren Erfahrungen erzählen lassen

- Wie ist das, wenn es ganz dunkel um mich herum ist und ich nichts sehen kann?
- Manchmal sagt jemand: „Das ist so schrecklich. Das kann ich nicht sehen!“ Manchmal sagt jemand: „Sie will es einfach nicht einsehen!“ Manchmal sagt jemand: „Du wirst schon sehen, was du davon hast!“ Manchmal sagt jemand: „Das sehe ich ganz anders!“ Auch bei Licht, auch wenn die Augen gesund sind, wird vom Sehen, vom Anders-Sehen oder vom Nicht-Sehen gesprochen. Wer hat das schon mal erlebt? Wem fällt dazu ein Beispiel ein?
- Ich kenne einen Blinden, der sagt, wenn wir uns treffen: „Schön, dich wiederzusehen!“ Was meint er wohl damit? Wie kann er mich „sehen“, wenn seine Augen blind sind?
- Der Blinde in der Geschichte steht einfach auf und geht auf Jesus zu, weil er will, dass sich für ihn etwas ändert. Wo erlebe ich in meinem Leben etwas, was mich belastet und behindert? Was könnte ich tun, damit sich etwas daran ändern kann?

IV. Mit Kindern auf dem Weg der Erschließung

Sehen und doch nicht sehen. Ein Wahrnehmungsspiel

Jedes Kind aus der Gruppe gibt etwas ab, was ihm gehört und legt es mit den Sachen der anderen Kinder auf einen großen Tisch: einen Schuh, eine Mütze, ein Stofftier, eine Brotdose, eine Haarspange u.v.a. Dann wird alles mit einem großen Tuch zugedeckt.
Alle Kinder stellen sich um den Tisch herum. Das Tuch wird für eine kurze Zeit abgenommen und die Kinder versuchen sich etwas von dem zu merken, was dort für alle auf dem Tisch zu sehen ist. Dann verdeckt das Tuch die Sachen wieder.
Jedes Kind bekommt jetzt Gelegenheit, ein oder mehrere Teile, die es dort auf dem Tisch gesehen hat, aus der Erinnerung aufzumalen.

Schließlich kommen die Kinder wieder mit ihren Bildern am Tisch mit den Sachen zusammen. Das Tuch wird erneut weggenommen. Die Kinder zeigen dazu, was sie gemalt haben. Sie stellen fest: Alle haben die selben Sachen gesehen, aber jeder hat sich ein anderes Bild davon gemacht. Sie vergleichen: Wer hat was gemalt? Wie sehen die Sachen gemalt aus? Was ist ähnlich? Was ist anders? Welche Sachen sind besonders auffällig? Welche werden eher übersehen? Warum wohl?

So sehe ich dich – so siehst du mich. Ein Kennlernspiel

Die persönlichen Dinge, die für das Wahrnehmungsspiel auf den Tisch gelegt worden sind, lenken nun die Aufmerksamkeit auf die Kinder, zu denen sie gehören. Gemeinsam wird überlegt: Wem gehört was? (Wobei die Besitzer selbst natürlich nichts verraten!) Ein Kind, das zu einer Sache den Besitzer nennen kann, darf diesem sein Teil zurückgeben. Dabei soll es versuchen, das Kind nicht nur mit seinem Namen anzusprechen, sondern an ihm etwas zu entdecken, was dieses Kind unverwechselbar und einzigartig macht: z.B. „Diese Tasche gehört Alexander. Alexander hat ganz lockige Haare." oder „Dieser Schuh gehört Merle. Merle spielt am liebsten in der Bauecke." Die Kinder merken: Ein Mensch wird nicht allein durch Äußerlichkeiten erkannt, die einem sofort „ins Auge fallen". Auch mit Verhaltensweisen, Gewohnheiten oder Wesenseigenschaften lässt sich ausdrücken, wie ich jemanden sehe.

Den alten Mantel zurücklassen. Befreiung in Körpererfahrung und Gebet

Die Geschichte erzählt davon, wie der Blinde den Mantel hinter sich zurücklässt, um frei auf Jesus zuzulaufen. Klar und offen kann er ihm sagen, was er will: wieder sehen können, offene Augen haben für die Welt um sich herum, dem nachgehen, was er als gut erkennt.
Unter dem Mantel stellt man sich spontan ein schweres altes Kleidungsstück vor. Verschmutzt ist er vom Staub der Straße. Kein bequemes Kleidungsstück zum Wohlfühlen! So, wie er da liegt, symbolisiert der Mantel nicht Bewegung, sondern das Gebundensein an

den Platz zum Betteln auf der Straße. Der Mantel und die Blindheit gehören zusammen.
Auch Kinder wissen von Dingen und Orten zu erzählen, mit denen es ihnen nicht gut geht. Für manches wünschen sie sich Veränderung. Sie hoffen, dass die Angst vor etwas aufhört, dass sich bedrückende und unklare Situationen lichten und zum Guten wenden.
Sie können körperlich die Erfahrung machen: Ein großer schwerer Mantel, der mich in meiner Bewegungsfreiheit einschränkt oder ein dunkles Tuch über Kopf und Augen – das sind lästige Behinderungen für mich. Mit ihnen ist es nicht möglich, frei umherzulaufen. Wohltuend ist es, wenn ich Tuch oder Mantel einfach zurücklassen kann. Wenn mich nichts mehr an diese ungeliebten Teile bindet.
All das lässt sich bei vertrauensvoller Atmosphäre im gemeinsamen Gespräch mit den Kindern zum Ausdruck bringen und in Übungen mit Mantel und Tuch auch körperlich nachempfinden.
Das folgende Gebet knüpft an diese Erfahrungen an und gibt Raum für die persönlichen Sorgen und Ängste der Kinder. Wer mag, kann nach der Zeile „… kein Ende nehmen," auch seine persönlichen Belastungen nennen.

Guter Gott,
ich kann spüren,
was mich bedrückt:
Manchmal sitzt mir die Angst im Nacken.
Manchmal muss ich ständig an etwas Trauriges denken.
Manchmal will ein Streit kein Ende nehmen.
Ich kann sagen,
was ich mir anders wünsche.
Ich kann erkennen:
Du bist da.
Ich kann aufstehen
und erleichtert sein.

Ein schön gestalteter Tisch als Einladung zu Gemeinschaft und Achtsamkeit beim Essen ist in vielen Kulturen sichtbarer Ausdruck einer guten Beziehung der Menschen untereinander und zur Schöpfung. Was mit Sinn für Ästhetik und Freude am Schönen gesehen wird, ist mehr als das oberflächlich Zuschaugestellte. Sehen heißt hier auch: Ich sehe an der Auswahl der Blumen und Speisen das Staunen vor der Schöpfung. Ich sehe an dem schönen Geschirr den sorgfältigen Umgang mit Lebensmitteln. Ich sehe an den liebevoll gedeckten Plätzen die Wichtigkeit eines jeden Gastes, der hier zu Tisch kommt.

Sehen können: Da meint es jemand gut mit uns. Den Esstisch als „Augenweide“ gestalten

Ein solcher Sinn für Ästhetik und Genuss am Schauen kann auch in den Kindern auf vielfältige Weise gefördert werden. Die Herrichtung eines schönen Tisches zum Essen – vielleicht nicht täglich, aber doch bewusst zu vielen Anlässen und Zeiten – bietet dabei nicht nur viele Möglichkeiten der fantasievollen Gestaltung, sondern macht zugleich in besonderer Weise deutlich: Hier meint es jemand gut mit uns.

Die Kinder dürfen die vielen guten Gaben als Geschenk annehmen und bewundern – aber sie erfahren ebenso: Unser Wollen und Tun trägt mit dazu bei, dass der Tisch zur „Augenweide“ wird.

Wie der Blinde in Jericho lernen sie Manches neu sehen, weil sie sagen: Ich will, dass es so sein soll. Ich will Augen haben für Ästhetik, Achtsamkeit und Gemeinschaft.

Einige Vorschläge, welche Dinge zu einer schönen Tischgestaltung beitragen können:

- Kerzen, vielleicht mit Wachsplättchen verziert
- Kränze und Sträuße aus Blumen
- gefaltete Servietten
- Porzellangeschirr statt Plastik
- schön servierte Lebensmittel: z.B. verziert mit bunten Obst- und Gemüseteilen
- gemalte Tischkärtchen mit Namen für jedes Kind
- ein Kuchen, gebacken in einer besonderen Form

Angst und Trauer erleben – Trost und Freude finden

Maria und Elisabeth – Ich freue mich so

Lukasevangelium, Kapitel 1, Verse 39–56

I. Wie wir erzählen können

Es hatte sich schnell in dem kleinen Dorf Nazareth herumgesprochen: „Maria ist schwanger." Die Leute machten sich ihre Gedanken: „Die ist doch noch nicht verheiratet." Sie fragten sich: „Ist das Kind von Josef?"
Maria war traurig darüber. Sie war verunsichert. Der Engel Gottes hatte ihr doch gesagt: „Gott wird der Vater deines Kindes sein. Dieses Kind wird ein König sein, einen solchen König hat es noch nicht gegeben." Aber das Gerede im Dorf tat ihr weh.
Da beschloss Maria, für einige Zeit fortzugehen. Der Engel hatte ihr von einer anderen Frau erzählt, die auch ein Kind erwartete. Die Frau hieß Elisabeth. Sie war viel älter als Maria. Sie und ihr Mann hatten nicht damit gerechnet, noch ein Kind zu bekommen. Da war zu dem Vater, Zacharias, ein Engel gekommen. „Deine Frau wird schwanger werden. Es wird ein Sohn werden, und er wird einen neuen König ankündigen."
Elisabeth wohnte einige Tagesreisen entfernt in den Bergen. Maria packte ein paar Sachen zusammen und machte sich auf den Weg.
Es war kein leichter Weg. Die Wege in den Bergen waren manchmal steil und unbequem. Und Maria dachte an das Gerede im Dorf, an ihren Verlobten, an den Engel. Ihre Gedanken waren unruhig. Manchmal blieb sie stehen und hielt ihre Hände auf ihren Bauch, so als wolle sie das Kind schützen. Doch dann beeilte sie sich, zu Elisabeth zu kommen.
Elisabeth schien Maria schon zu erwarten. Sie kam ihr entgegen. Beide Frauen umarmten sich voller Freude.

„Mein Kind hat in meinem Bauch gehüpft, als du mich begrüßt hast", sagte Maria. „Meins auch", erwiderte Elisabeth.
Maria spürte nicht mehr die Unruhe, die sie bis hierher noch begleitet hatte. Sie war glücklich. Nun war sie sich sicher: Gott wird sich um die Kinder sorgen. Ein altes Lied fiel ihr ein. Und voller Freude stimmte sie dieses Lied an:

Meine Stimme ist nicht laut genug
von dir, mein Gott, zu singen,
doch will das Loblied über dich
aus meinem Mund erklingen.
Du gibst auch auf die Kleinsten acht,
du hast mich wunderbar gemacht.
Du bist gerecht und gut.
Du machst mir Mut.
Meine Stimme ist nicht hoch genug
von dir, mein Gott, zu singen,
doch will der Jubel über dich
aus meinem Mund erklingen.
Wer Kleine quält und ängstlich macht,
ist bei dir hilflos, ohne Macht
Du bist gerecht und gut.
Du machst mir Mut.
Meine Stimme ist nicht hell genug
von dir, mein Gott, zu singen,
doch will das Staunen über dich
aus meinem Mund erklingen.
Du sorgst für Hungrige mit Brot,
du hast ein Ohr für jede Not.
Du bist gerecht und gut.
Du machst mir Mut.

Meine Stimme ist nicht leicht genug
von dir, mein Gott, zu singen,
doch will die Freude über dich
aus meinem Mund erklingen.
Du wirst in meiner Nähe sein,
was du versprochen, hältst du ein.
Du bist gerecht und gut.
Du machst mir Mut.

Elisabeth hatte den letzten Kehrvers mitgesummt. „Jetzt komm aber erst mal rein“, sagte sie nun zu Maria, „du bist bestimmt durstig und hungrig. Und wenn du dich gestärkt hast, zeige ich dir dein Bett.“ Bereits früh am Abend schlief Maria erschöpft aber frohen Mutes ein. Noch viele Tage blieb sie bei Elisabeth.

II. Informationen zum Text

Zwei Frauen, Maria und Elisabeth, begegnen sich und mit ihnen zum ersten Mal Johannes und Jesus. Lukas verknüpft mit dieser Geschichte die Geburt des Johannes mit der Geburt Jesu. Weder Josef, noch Zacharias spielen eine Rolle. Maria hat von Elisabeth in der Verkündigung des Engels erfahren. Elisabeth weiß wohl nur von der Begegnung ihres Mannes mit dem Engel, dass ihr zukünftiger Sohn Wegbereiter des erwarteten Retters sein wird. Ob sie die Information hat, dass Maria mit diesem Kind schwanger geht, wird uns nicht berichtet. Dennoch preist sie Maria als „gesegnet unter den Frauen“. Auslöser, dass sie das Geheimnis der Schwangerschaft Marias erkennt, ist das Kind in ihr. Es „hüpft“, äußert die Freude über das andere Kind bereits im Mutterleib. Auch das Kind in Maria freut sich. Die Aufmerksamkeit ist zuerst auf Elisabeth gerichtet. Ihr gilt der Besuch der Maria. Ihretwegen nimmt Maria den mehrere Tage dauern-

den Weg ins Gebirge auf sich. Und sie geht den Weg „eifrig". Doch mit der Freude der Kinder kommt Maria in den Mittelpunkt.
Höhepunkt der Begegnung ist der Lobgesang der Maria. Hier scheint ein altes Lied zugrunde zu liegen. Das Lied erzählt nicht vom erwarteten Retter, sondern Maria singt ihre Freude über Gottes Handeln. Subjekt aller Tätigkeitswörter ist Gott. Ausgangspunkt seines Handelns ist der Blick auf die Niedrigen. Er lässt die Kleinen nicht außer Acht.

III. Kinder von ihren Erfahrungen erzählen lassen

- Was ist das für ein Gefühl, wenn man etwas besonderes Schönes erwartet und sich Tag für Tag darauf freuen kann? Was macht dabei fröhlich? Was macht Angst? Was macht Mut?
- Worauf warten wir im Advent?
- Wer kennt das auch: vor Freude einfach lossingen? Was für Lieder singe ich gern, wenn ich glücklich bin?

IV. Mit Kindern auf dem Weg zur Erschließung

Der Weg durchs Gebirge als Wandfries mit Collage

Der Weg zu Elisabeth führt Maria durch eine Gebirgslandschaft. Mal durchwandert sie ein tiefes Tal, dann wieder genießt sie den freien Blick aus der Höhe. Maria weiß, dass es auch im Leben solche Höhen und Tiefen gibt: Freude und Trauer, Angst und Hoffnung, Gerechtigkeit und Ungerechtigkeit, Streit und Versöhnung.
Und die Kinder kennen solche Erfahrungen ebenso. Beispiele für gute und schlechte Erlebnisse und Beobachtungen, die die Kinder gemacht haben und benennen mögen, lassen sich in einem Gespräch zusammentragen und auf Fotos in Zeitungen und Zeitschriften entdecken: Manche denken vielleicht an Kriegssituationen, von denen das

Fernsehen täglich berichtet, andere wissen von Kranken zu erzählen oder haben eine Situation als besonders ungerecht empfunden. Aber es gibt natürlich auch „Höhepunkte“ im Leben: schöne Überraschungen, Erfahrungen von Nähe und Geborgenheit, die Freude, wenn einem etwas gut gelungen ist und vieles mehr. Auch dazu lassen sich zahlreiche Bilder finden.
Malt man nun den langen Gebirgsweg mit seinen Tälern und Höhenzügen, den Maria zurückgelegt hat, auf eine ausgerollte Tapete, so lassen sich die ausgeschnittenen Zeitungsfotos an passender Stelle aufkleben: Hoffnungs- und Freudenbilder finden Platz „auf der Höhe“, Bilder von Unrecht, Angst und Gewalt gehören zu den „Tiefpunkten“ des Weges.
Am Ende lädt die fertige Collage als Wandfries zum Schauen, Nachdenken und Erzählen ein: Was müsste sich ändern, damit sich die Not in Freude verwandelt? Warum kommen manche Menschen aus dem „Tal“ nicht heraus? Was könnte ihnen Mut und Hoffnung geben?
Dort, wo Maria am Ziel ist, kann sie aus der Höhe zurückblicken auf den wechselvollen Weg, der hinter ihr liegt. Nur weil sie beides kennt: die Not in der Tiefe und die Möglichkeit der Befreiung, kann sie schließlich ihren Lobgesang anstimmen.

Heil, Heilung, Heiland – ein „Adventspuzzle“

Die Vision, dass der Welt durch Jesu Geburt Heil und Heilung widerfährt, steht auch Maria nicht sofort in voller Größe vor Augen. Stück für Stück gewinnt die Hoffnung für sie an Gestalt. Mit Kindern lässt sich dieser Prozess in Form eines „Adventpuzzles“ verdeutlichen:
Eine weihnachtliche Krippendarstellung, wie sie auf Postkarten, Postern oder in Bilderbüchern zu finden ist, wird als Farbkopie, nötigenfalls vergrößert, auf Pappe aufgeklebt und in 24 Teile zerschnitten. An jedem Tag im Advent dürfen die Kinder ein Teil auswählen, mit dem sie das Bild nach und nach vervollständigen, bis es am Ende heil und ganz vor ihnen liegt: Der Heiland ist geboren.

Marias Lobgesang

Text: Klaus-Uwe Nommensen, Musik: Susanne Brandt

2. Meine Stimme ist nicht hoch genug
von dir, mein Gott, zu singen,
doch will der Jubel über dich
aus meinem Mund erklingen.

Wer Kleine quält und ängstlich macht,
ist bei dir hilflos, ohne Macht
Du bist gerecht und gut.
Du machst mir Mut.

3. Meine Stimme ist nicht hell genug
von dir, mein Gott, zu singen,
doch will das Staunen über dich
aus meinem Mund erklingen.
Du sorgst für Hungrige mit Brot,
du hast ein Ohr für jede Not.
Du bist gerecht und gut.
Du machst mir Mut.

4. Meine Stimme ist nicht leicht genug
von dir, mein Gott, zu singen,
doch will die Freude über dich
aus meinem Mund erklingen.
Du wirst in meiner Nähe sein,
was du versprochen, hältst du ein.
Du bist gerecht und gut.
Du machst mir Mut.

Angst im Sturm

Markusevangelium, Kapitel 4, Verse 35–41

I. Wie wir erzählen können

Wieder zuckte ein Blitz. Gleich darauf hörten Achmed und Ruben den Donner krachen. Sie drückten sich ganz eng in den Felsvorsprung am Ufer.
Achmed und Ruben waren Jesus und seinen Freunden bis an den großen See nachgelaufen. Jesus hatte in ihrer Stadt von Gott erzählt. „Ich vertraue ganz und gar auf Gott“, hatte er gesagt, „ihr könnt euch genauso auf Gott verlassen.“
Viele Menschen waren gekommen, um Jesus zu sehen und zu hören. Unter ihnen waren auch Kranke gewesen. Sie hatten Jesus zugetraut, dass er sie gesund machen könnte. Und sie wurden gesund.
Achmed und Ruben waren auch neugierig geworden. Aber immer wieder wurden die beiden Jungen nach hinten gedrängt. Doch dann drehten sich einige Menschen um. Jesus habe darum gebeten, dass er sich etwas ausruhen könne, hörten sie die Leute sagen. Sofort hatten sie die Gelegenheit genutzt und sich nach vorne gedrängelt.
Jesus und seine Freunde waren zum Seeufer gegangen. Ruben hatte Jesus mit seinem Vater reden hören. Sein Vater hatte ein Boot.
Jesus und seine Freunde waren in das Boot eingestiegen und Achmeds Vater hatte sie hinaus auf den See gerudert. Die Menschen waren gegangen. Nur Achmed und Ruben schauten dem Boot hinterher.
Plötzlich war das Unwetter losgebrochen. Der Himmel war pechschwarz geworden. Der seichte Wind hatte sich in einen Sturm verwandelt. Es goss in Strömen. Blitze zuckten pausenlos durch die Dunkelheit und Donner krachten am Himmel.
Achmed und Ruben sahen die aufgepeitschten Wellen. Vom Wind getrieben, bäumten sie sich auf und schlugen zischend zusammen.

Ruben hatte die Augen zusammengekniffen und starrte auf den See. Er hoffte, das Boot seines Vaters zu entdecken. Aber keine Spur. Regen und Wellen gaben auch kaum einen Blick frei.
Ruben spürte den Druck im Bauch: Angst. Die Angst sagte ihm: Das Boot kann kentern. Ein Blitz wird das Boot treffen. Das Boot wird mit Wasser voll laufen und untergehen.
Ruben suchte Achmeds Hand. Die Jungen hielten sich fest an den Händen.
Da, wieder Blitz und Donner, heftig und kurz hintereinander. Ruben war mit dem Blitz zusammengezuckt.
„Jesus ist doch im Boot“, hörte Ruben seinen Freund sagen. „Der hat doch gesagt: Ich vertraue, dass Gott bei mir ist.“
Ruben hörte auch die Angst in Achmeds Stimme.
Doch dann sagte Achmed: „Wetten, Jesus kann das.“ Dieser Satz war Ruben in den vergangenen Tagen eingefallen, als sie zwischen den Menschen um Jesus herum standen.
Wieder zuckten und krachten Blitz und Donner durch die Dunkelheit. Doch dann war plötzlich das Unwetter vorbei, genauso unvermittelt wie es begonnen hatte. Die ersten blauen Flecken zeigten sich am Himmel, und Wind und Wellen wurden so still wie zuvor.
Zuerst sprang Ruben zwischen den Felsen hervor ans Ufer. Achmed folgte ihm. Angestrengt spähten beide über das Wasser. „Siehst du was?“
Plötzlich packte Achmed Ruben am Arm. „Da!“ Er zeigte aufs Wasser. Tatsächlich, ein kleiner Punkt am Horizont. Er wurde größer und größer. Die Jungen waren sich einig, das war das Boot mit Rubens Vater. Sobald sie Menschen auf dem Boot erkennen konnten, winkten sie hinüber. Und eine Gestalt winkte zurück.
Schließlich konnten sie erkennen, dass es Rubens Vater war. Und dann sahen sie die anderen, Jesus und seine Freunde.
Es dauerte nicht mehr lange, bis das Boot heran war. Ruben fing die Leine auf, die sein Vater ihm zuwarf. Das hatte er schon oft gemacht. Die Jungen zogen das Boot an Land.

Rubens Vater sprang aus dem Boot. Ruben warf sich ihm in die Arme. Eine Weile hielt er seinen Vater festumklammert.
„Solch ein Unwetter habe ich noch nicht erlebt!“ Rubens Vater setze sich auf einen Stein. „Was glaubst du, was wir für eine Angst gehabt haben.“
„Wir auch“, sagte Ruben.
„Plötzlich war kein Rudern mehr möglich. Hin- und hergeworfen wurde das Boot. Wir konnten uns nur noch festhalten. Einige haben sich aneinander geklammert und geschrieen vor Angst.
„Und Jesus?“, wollte Achmed wissen.
„Der? Der lag vorne im Boot und schlief. Bis einige seiner Freunde ihn wachrüttelten. Und dann hat er sie nicht beruhigt, sondern ihnen noch Vorwürfe gemacht. Er hätte ihnen doch immer wieder erzählt und gezeigt, wie sie auf Gott vertrauen könnten. Und dann hat er dem Unwetter einfach gesagt, ruhig zu sein.“
„Toll“, sagte Achmed.
„Na ja, wir haben uns zuerst erschrocken. Was ist das für einer, dem Wind und Regen gehorchen?“
„Hat Jesus gar keine Angst gehabt?“, fragte Ruben.
„Ich weiß nicht“, antwortete sein Vater, „ich glaube, er vertraut wirklich ganz fest darauf, dass Gott ihn nicht im Stich lässt.“

II. Informationen zum Text

In der damaligen Vorstellung war es Gottheiten vorbehalten, über die Elemente wie den Sturm zu bestimmen. Daher die Furcht der Bootsinsassen: Wer ist dieser, dass ihm Wind und Wasser gehorchen?
Die Erzähler wollen deutlich machen: Gott handelt, wenn Jesus handelt. Nicht das Wunder steht im Vordergrund, dass Sturm und See sich beruhigen. Die Freunde Jesu und die anderen im Boot haben bereits genug Wunder Jesu gesehen. Doch in dieser Situation hat das keine

Wirkung. Die Angst um das Überleben ist stärker. Alles Gehörte und Erlebte hilft ihnen nicht, in dieser Situation ruhig Blut zu bewahren. Das entscheidende Stichwort liefert Jesus den Bootsinsassen: Glauben. Wo Jesus ist, sitzt Gott mit im Boot. Glauben beinhaltet das Vertrauen, von Gott nicht allein gelassen zu werden. Doch damit stoßen wir Menschen immer wieder an unsere Grenzen.

III. Kinder von ihren Erfahrungen erzählen lassen

- Mit einem schwankenden Schiff im Sturm unterwegs zu sein, macht Angst. Wer hat so was selbst schon mal erlebt? Wer kennt andere Situationen, vor denen man Angst haben muss?
- In der Angst wünscht man sich oft Menschen herbei, die einem zur Hilfe kommen. Wer könnte das sein? Sollen sie sich so wie Jesus in der Geschichte verhalten? Oder lieber ganz anders?
- Obwohl auf dem Wasser eine große Gefahr droht, ist Jesus ganz ruhig. Wie schafft er das? Was ist so schwer und ungewöhnlich daran, ruhig zu bleiben, obwohl rundherum alle ganz aufgeregt sind? Wer hat das selbst schon mal ausprobiert?

IV. Mit Kindern auf dem Weg zur Erschließung

„Sturm, schweige still!“ Ein Klang- und Bewegungsspiel

Tosender Sturm ist ein Phänomen, das von Bewegung und Klängen geprägt ist. Aus Klangmaterialien, die den Kindern zur Verfügung stehen, werden solche ausgewählt, die besonders gut zur Darstellung von Wind passen: Rasseln, knisterndes Zeitungspapier, Blechdosen, „Regenmacher“, leere Flaschen zum Anblasen als „Windheuler“ u.a.
Im Gegensatz dazu steht ein „Ruheklang“, der von einem Gong, einer Klangschale, einer Triangel, vielleicht auch mit ruhiger „Schlafmusik“ aus einem CD-Player oder einer Spieluhr kommen kann. Eben-

falls möglich wäre es, dass eine kleine Gruppe von Kindern hierfür einen Chor bildet, der mit sanfter Stimme singt: „Sturm, schweige still!"
Die Bewegung der aufgewühlten See lässt sich darstellen durch Stoffbahnen oder Tücher, die in den Händen auf und nieder schwingen. Große Bettlaken, Tischdecken, ein Schwungtuch oder mehrere Seiden- oder Chiffonschals können hierfür eingesetzt werden.
Die Kinder erhalten zunächst Gelegenheit, sich mit dem Klang- und Bewegungsmaterial vertraut zu machen. Sie probieren verschiedene Geräuschmöglichkeiten aus und üben sich darin, mit lautem oder leisem Spiel auf entsprechende Handzeichen zu reagieren. Ähnliches geschieht in Bewegung: Wie lassen sich mit Stoff Wellen erzeugen? Wie bringe ich „die See" zur Ruhe? Bei allen individuellen Erfahrungen geht es zugleich auch um koordiniertes Verhalten in der Gruppe und um das Wechselspiel der „Klang- und Bewegungskinder". Denn Ziel der Vorübungen soll es sein, nach dem rhythmischen Prinzip „Zeige, was du hörst – Mach hörbar, was du siehst" so miteinander zu korrespondieren, dass die Geschichte am Ende auch ohne Worte allein aus den Geräuschen und Bewegungen erkennbar wird: Mal reagieren die „Klangkinder" mit lautem Getöse, wenn die Bewegungen sich bis zum Orkan steigern, dann wieder folgt der „Seegang" der sich steigernden Lautstärke. Schließlich kommt ein „Klang der Ruhe" ins Spiel. Mitten im heftigen „Sturm" aus lauten Geräuschen und wilden Bewegungen verschafft er sich leise aber beständig Aufmerksamkeit. Die Bewegungen werden sanfter, das Getöse verstummt mehr und mehr, bis am Ende eben nur noch jener „Ruheklang" die Szenerie bestimmt.

Durch Vertrauen ins Gleichgewicht. Spiel mit Modellbooten

Das schwankende Boot lässt sich aus Alltagsmaterialien leicht basteln: Eine Papprröhre (das Innere einer Toilettenpapier-Rolle) wird der Länge nach so in der Mitte durchgeschnitten, dass zwei längliche schalenförmige Hälften entstehen. Klebt man in diese jeweils das Innen-

teil einer Streichholzschachtel als „Bootsdeck", so entsteht ein Schiff, das durch seine gewölbte Unterseite leicht zum Schwanken gebracht werden kann. Mit einer kleinen Spielfigur, z.B. aus einem Würfelspiel, wird darin die Geschichte nun noch mal nachgespielt: Solange die Figur, wie es die Jünger in ihrer Angst vermutlich tun, aufgeregt im Boot hin und her läuft, kommt das schwankende Boot nicht zur Ruhe. Erst, wenn die Figur in einer Ecke der Streichholzschachtel wie schlafend niedergelegt wird, tritt ein Gleichgewicht ein und das Boot liegt schließlich ganz still da.
Die Beobachtung macht sichtbar: Kommt etwas innerlich ins Gleichgewicht, kann sich dadurch auch eine äußere Unruhe legen. Glauben und Vertrauen helfen, ein solches Gleichgewicht im Leben zu erfahren. Jesu Schlaf im schwankenden Boot ist nicht als Passivität oder Desinteresse der ängstlichen Jünger gegenüber misszuverstehen. Sein verlässliches Dasein im Vertrauen auf Gott bringt Ruhe in die stürmische Lage und damit auch in die aufgewühlten Herzen der Jünger. Der Kernsatz „Sturm, schweige stille!" kann schließlich hineingeschrieben werden in das Innere der Streichholzschachtel. Das gebastelte Boot wird so zu einem kleinen Erinnerungsstück, das zunächst vielleicht nur durch seine Bewegungen und später auch durch seine Worte zu den Kindern spricht.

Vertrauensspiele

Am eigenen Leibe zu spüren, was es heißt, Vertrauen zu können, auch wenn man ins Schwanken kommt – darum geht es bei folgenden Spielideen:

1. Eine Wolldecke wird auf der Erde ausgebreitet. Ein Kind legt sich in der Mitte darauf nieder. Die anderen stehen drum herum, greifen mit ihren Händen nach einem Stück Deckenrand, heben so das Kind behutsam mit der Decke hoch und schaukeln es sanft hin und her. Das Kind soll sich dabei ganz entspannt und „gut aufgehoben" fühlen.
2. Ein Kind steht aufgerichtet zwischen zwei anderen Kindern. Wenn es sich ganz gerade nach vorn fallen lässt, weiß es sich aufgefan-

gen von dem Kind vor ihm. Wenn es ebenso gerade nach hinten kippt, spürt es Halt durch das Kind hinter ihm. In diesem Vertrauen des Gehaltenseins „pendelt“ es eine Weile zwischen den Kindern hin und her. Dann werden die Rollen getauscht.

Mandala zum Ausmalen

Das Mandala (s. Vorlage) drückt ähnlich wie das gebastelte Modellboot aus, wie Jesus durch sein Dasein inmitten von Sturm und Gefahr an die schützende Kraft von Vertrauen und Glauben erinnert.
Das kreisende Ausmalen mit beruhigenden Blautönen, die sich um Jesus als Mitte herum bewegen, unterstützt als meditativer Vorgang die Aussage der Geschichte.

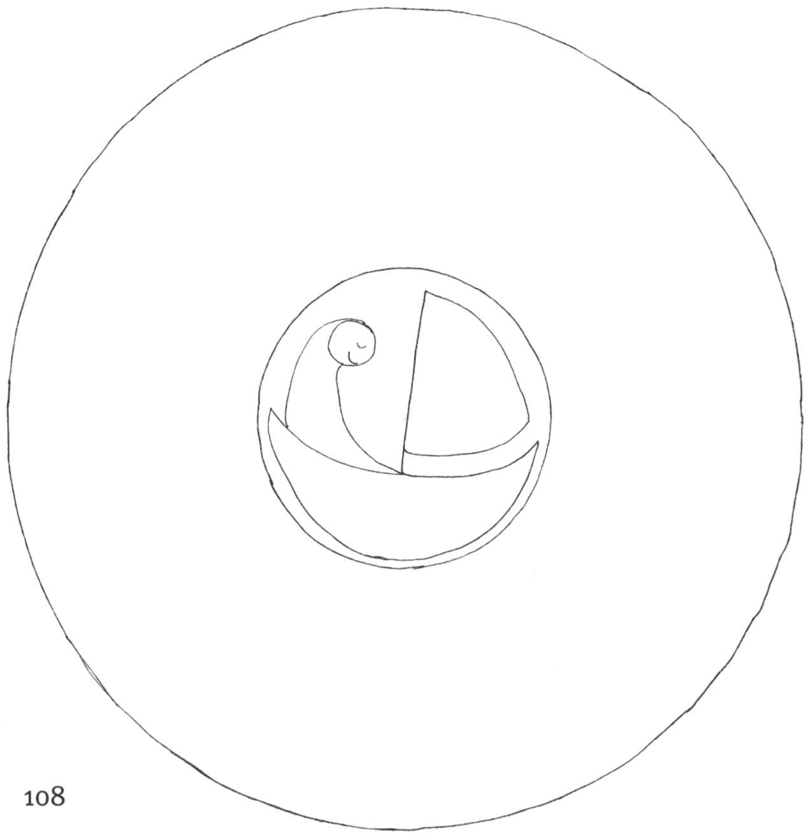

Wie bewegt sich das Wasser rund um Jesu Boot? Male die Form in Blautönen mit kreisenden Bewegungen aus.

Salbung in Bethanien – Einem andern Gutes tun

Matthäusevangelium, Kapitel 26, Verse 6–13

I. Wie wir erzählen können

Vorsichtig trug Judith den Korb mit den Broten in das Wohnzimmer. „Du musst mir helfen, und außerdem kommst du da besser durch als ich", hatte ihr die Mutter gesagt.
Heute morgen war ihr Vater aufgeregt aus der Stadt wiedergekommen: „Jesus kommt mit seinen Freunden zu uns", hatte er der Mutter schon von weitem zugerufen. Und den Nachbarn hatte er gesagt: „Ihr seid auch eingeladen, wenn ihr wollt."
Vorgestern hatte Judith mit ihren Eltern am Straßenrand gestanden, als Jesus mit seinen Freunden und Freundinnen nach Jerusalem gekommen war. Ihr Vater hatte sie auf seinen Schultern sitzen lassen. So hatte sie Jesus gut sehen können. Geklatscht und gesungen hatten die Leute. „Ist das ein König?" hatte Judith ihren Vater gefragt. Abends vor dem Einschlafen hatte ihr Vater Geschichten erzählt, die er über Jesus gehört hatte. „Einen solchen König wünschen wir uns", hatte er gesagt. „Er macht den Menschen Mut."
Dichtgedrängt saßen die Menschen nun in dem großen Raum. Es war ziemlich laut. Judith stellte den Brotkorb auf den Tisch vor ihrem Vater. Neben ihm saß Jesus. „Danke", sagte er zu Judith.
Plötzlich wurde es still im Raum. Alle schauten zur Tür. Dort stand eine Frau. „Was will die denn hier?", hörte Judith die Nachbarin zischeln.
Die Frau blickte suchend umher. Dann entdeckte sie Jesus. Sie ging direkt auf ihn zu. Aus ihrem Gewand holte sie ein kleines Fläschchen. Sie brach es auf. Ein feiner Duft durchzog den Raum. Judith hatte solch ein Fläschchen einmal bei ihrer Mutter entdeckt. „Da gehst du

nicht ran", hatte ihr die Mutter verboten. „Das ist sehr teuer." „Was ist das?", hatte Judith gefragt. „Duftöl", hatte die Mutter geantwortet und Judith einmal riechen lassen.
Die Frau kniete vor Jesus. Sie goss etwas aus dem Fläschchen in die Hand. Und dann strich sie damit Jesus über die Stirn. Langsam und zärtlich verrieb sie das Öl, zuerst mit der Handfläche, dann mit den Fingerspitzen. Judith sah Jesus an. Er hatte die Augen geschlossen. Den Kopf hatte er nach vorne gebeugt.
„Was soll diese Verschwendung!", Eine harte Männerstimme unterbrach die Stille. „Für das Geld, das solch eine Flasche kostet, muss man einen ganzen Monat arbeiten", schimpfte der Mann hinter Jesus. „Ja", pflichtete ihm ein anderer bei. „Sie hätte uns lieber das Geld geben sollen. Dann hätten wir damit den Armen helfen können." Plötzlich war es wieder ganz laut im Raum.
Judith schaute den beiden immer noch zu. Die Frau ließ sich von dem Geschimpfe nicht stören. Noch einmal goss sie etwas Öl auf ihre Fingerspitzen. Noch einmal strich sie Jesus damit vorsichtig über die Stirn. Jesus blieb ruhig. Der Zeigefinger der Frau streichelte seine Wange. Eine Weile sah sie ihn still an. Dann stand sie auf, drehte sich um und ging wieder hinaus.
Die Frau hatte kein Wort gesprochen. „Sie hat Jesus lieb", dachte Judith.
„Warum hast du das geschehen lassen?" Judith sah das verzerrte Gesicht des Mannes hinter Jesus. Ein anderer war aufgesprungen: „Uns predigt Jesus, wir sollen teilen."
Jetzt hob Jesus den Kopf. „Immer, wenn Menschen von mir erzählen, werden sie auch von dieser Frau erzählen", sagte er. „Es ist wichtig, dass wir mit den Armen teilen. Aber diese Frau war zärtlich zu mir. In den nächsten Tagen werden Menschen ganz anders mit mir umgehen. Sie werden mich brutal anfassen. Sie werden mich schlagen. Ihre Hände werden mich töten. Jetzt habe ich die Liebe dieser Frau gespürt."

Abends vor dem Einschlafen sagte Judith zu ihrer Mutter: „Die Menschen sollen Jesus nicht schlagen," sie schluckte, „und nicht tot machen." Ihre Mutter strich ihr über das Haar. „Wie die Frau heute bei Jesus", dachte Judith. „Unser Haus duftet immer noch nach dem Öl", sagte sie.

II. Informationen zum Text

Könige wurden zu ihrer Inthronisation gesalbt. Ebenso gehört das Salben zur Beerdigung. Ausleger kommen darum entweder zu dem Schluss, dass die Tat der Frau dazu dient, Jesus zum König zu erhöhen oder prophetisch die Totensalbung vorwegnimmt. Dass Matthäus die Begebenheit unmittelbar vor die Leidensgeschichte stellt, mag das bestätigen, ebenso der Satz Jesus, der in der Fassung der Geschichte im Lukasevangelium nicht auftaucht: Das hat sie für mein Begräbnis getan.
Doch anstatt das Geschehen gleich zu überhöhen, ist festzustellen, dass die Frau zunächst ihre Liebe zu Jesus zeigt. Es ist eine zärtliche Geschichte. Die Männer in der Geschichte, die Jünger, beginnen hingegen sofort zu rechnen.
Nicht allein der Wert des Salböles spielt eine Rolle. Dieser Wert wird von Matthäus nicht benannt, ist aber Gegenstand der Auseinandersetzung mit den Jüngern. Wichtig ist die Motivation der Frau, die sie einfach verschwenderisch sein lässt: die Liebe zu Jesus. Liebe rechnet nicht. Die Liebe und die Zärtlichkeit der Frau machen den Wert ihres Tuns aus.

III. Kinder von ihren Erfahrungen erzählen lassen

- Wann mag ich es, wenn mich jemand in den Arm nimmt und streichelt? Und wann mag ich das nicht?

- Welche Gerüche sind angenehm? Was mag ich nicht riechen?
- Wer hat schon mal den Wunsch gehabt, jemandem etwas ganz besonders Kostbares zu schenken? Was war das? Und warum war mir das wichtig?

IV. Mit Kindern auf dem Weg zur Erschließung

Entdeckungsreise mit der Nase

An verschiedenen Orten des Kindergartens entstehen besondere „Duftinseln“: In einer Ecke steht ein Aromalämpchen mit Kerze, über der ein Tropfen Duftöl in einer Wasserschale verdampft, auf einem Tisch steht ein Sträußchen mit duftenden Blumen, in der Küche strömt der Geruch von Gebäck aus dem Ofen, im Waschraum liegen Seifenstücke mit verschiedenen Duftnoten, usw.
Die Kinder gehen mit ihrer Nase auf Entdeckungsreise und kommen anschließend im Stuhlkreis zusammen, um ihre „Reiseerlebnisse“ auszutauschen: Wo riecht es gut? Wo mag ich etwas nicht gern riechen?

Duft-Memory

Das Spiel eignet sich zur Durchführung in Kleingruppen und orientiert sich an den Regeln des bekannten Bildermemory-Spiels. Mehrere gut verschließbare und identisch aussehende Filmdöschen werden zuvor innen mit Tropfen von verschiedenen Aromaölen präpariert, die sich im Geruch möglichst deutlich voneinander unterscheiden. Jeweils zwei Döschen enthalten den selben Duft. Die verschlossenen Döschen stehen nun in klarer Anordnung vor den Kindern auf dem Tisch. Gegebenenfalls hilft ein Blatt Papier mit einem Feld aus zwei mal vier (bei vier verschiedenen Düften) oder drei mal vier Markierungen (bei sechs verschiedenen Düften), um den Döschen ihre festen „Stellplätze“ zu geben. Jedes Kind darf nun nacheinander zwei der Döschen öffnen, um daran zu schnuppern und auch die anderen Kinder im Kreis daran schnuppern zu lassen. Danach stellt es die Döschen dorthin zurück, wo sie gestanden haben.

Wer erinnert sich, ob der eine oder andere Duft schon mal „gelüftet" worden ist? Wo hat der „Doppelgänger" seinen Platz auf dem Spielfeld? Wer findet die Paare, die zusammengehören?

Duftende Körpercreme selber machen

Dass es etwas ganz besonderes ist, jemandem mit einem kostbaren Pflegemittel Gutes zu tun, wird erfahrbar, wenn die Kinder an der sorgfältigen Herstellung einer duftenden Hautcreme selbst beteiligt sind. Als Zutaten hierfür werden Tegomuls S (als Emulgator), Fette, Wasser und Duftzusatz benötigt. Die fertige Creme ist im Kühlschrank aufzubewahren und durch den Verzicht auf Konservierungsmittel nur begrenzt haltbar. Es empfiehlt sich daher, jeweils nur kleine Mengen herzustellen.

Grundrezept:
25 g Tegomuls 90 S
60 g Pflanzenöl
20 g Sheabutter oder Kakaobutter

Als Öle lassen sich verschiedene Speiseöle verwenden. Besonders empfehlenswert sind hierbei:

- Avocadoöl: vitaminreich, lange Haltbarkeit, wird gut von der Haut aufgenommen
- Mandelöl: gilt als das beste Grundöl
- Sonnenblumenöl: preiswert und gut verwendbar
- Sanddornöl: besonders pflegend bei geschädigter Haut

Die abgewogene Menge der Zutaten wird in einem Becherglas bei ca. 50° C im Wasserbad geschmolzen. Ist daraus eine gleichmäßige Masse entstanden, kommt diese in ein mit kochendem Wasser desinfiziertes und verschließbares Gefäß. Dieser Cremegrundstoff ist im Kühlschrank gut verschlossen bis zu einem Jahr haltbar.

10 g von dem vorbereiteten Emulgator-Fett-Gemisch wird zur portionierten Cremeherstellung erneut geschmolzen. Dann wird Wasser zum Kochen gebracht und 30g davon bei einer Temperatur von 70°C tröpfchenweise mit dem geschmolzenen Fett verrührt, bis eine handwarme Creme entstanden ist. Bei diesem „Kaltrühren" können die Kinder gut helfen. In der Abkühlphase werden nach Vorliebe wenige Tropfen Duftöl hinzugefügt.
Die fertige Creme wird in ein ausgekochtes Döschen gefüllt und im Kühlschrank aufbewahrt.
Mit einer leichten Erhöhung des Wasseranteils (Fett-Wasser-Mengenverhältnis max.1:4) lässt sich eine weichere Konsistenz erreichen.

Einander Gutes tun

Mit der selbst hergestellten Creme, einer anderen „Lieblingscreme" oder einem duftenden Massageöl können die Kinder nun einander Gutes tun. Dabei wird die Creme sparsam, aber sehr bewusst verwendet, indem ein Kind dem anderen, sofern gewünscht, behutsam z.B. die Stirn, den Handrücken oder den Nacken eincremt. Jedes Kind sollte zuvor jedoch selbst entscheiden, ob ihm die Zuwendung in dieser Form angenehm ist. Ein „Nein" ist auf jeden Fall zu respektieren.

Schatzkästchen für Düfte

Wer bei den verschiedenen Sinneserfahrungen einen Duft für sich entdeckt hat, der als besonders schön empfunden wird, kann dafür ein „Schatzkästchen" gestalten. Das kann z.B. ein Filmdöschen sein, das mit Papier bunt beklebt wird und im Innern ein Stück Filz oder Watte mit einem Tropfen „Lieblingsduft" enthält. Das kann auch eine bemalte Cremedose sein oder eine selbst getöpferte Schale, in die ein Stück Duftseife hineingelegt wird.
Mit solchen „duften Geschenken" kann man nicht nur sich selbst, sondern auch anderen eine Freude machen.

Jesus in Gethsemane – Jesus hat Angst

Matthäusevangelium, Kapitel 26, Verse 36–46

I. Wie wir erzählen können

Schweigend gehen Jesus und seine Freunde durch die Nacht. Es hätte ein schöner Abend werden können. Es ist der erste Abend des Passahfestes. Es ist das wichtigste Fest im ganzen Jahr. Alle Juden treffen sich an diesem Abend in der Familie mit Bekannten oder in der Gemeinde. Mit einem Festmahl feiern sie, dass Gott das Volk Israel aus der Sklaverei in Ägypten befreit hat.
Jesus hat mit seinen Freunden zusammengesessen. Und dabei hat er ihnen gesagt: Heute ist unser letzter gemeinsamer Abend. Heute Nacht wird mich einer von euch an die Tempelbehörde verraten. Sie werden mich verhaften. Die Freunde haben protestiert. Jesus hat ihnen zwar immer wieder gesagt, dass er hier in Jerusalem zum Tode verurteilt werde. Aber die Freunde haben das nicht hören wollen.
Aber heute Abend hat er es ihnen unmissverständlich deutlich gemacht: In dieser Nacht werden sie mich verhaften.
Einige der Freunde haben lautstark protestiert. Einige haben miteinander überlegt, wie sie die Verhaftung verhindern könnten. Doch Jesus hat ihnen gesagt: Ihr werdet nichts daran ändern können. Doch seine Stimme ist leise.
Sie erreichen einen Park. Garten Gethsemane wird er genannt. An einem freien Platz unter einem Baum setzen sie sich. Nur Jesus bleibt stehen. Er geht auf und ab. Er ruft Petrus zu sich, dann auch Johannes und Jakobus.
Er bittet sie: Kommt mit.
Jesus geht mit ihnen weiter in den Garten hinein. Die drei Freunde merken: Jesus ist unruhig. Dann erzählt er ihnen: Ich habe Angst.

Das haben die Freunde noch nicht von Jesus gehört.
Ich habe Angst vor ihrer Gewalt, sagt er. Ich möchte nicht sterben. Ich werde Schmerzen haben. Und niemand von euch wird mir helfen können. Ich werdet noch nicht mal in meiner Nähe sein können.
Jesus redet sehr leise. Die Worte klingen, als weinte er.
Jetzt möchte ich beten, mit meinem Vater sprechen, fährt Jesus fort. Dazu möchte ich für mich sein. Aber ich möchte euch in meiner Nähe haben. Helft mir, tut, was ihr jetzt für mich tun könnt: Bleibt mit mir wach und betet für mich.
Jesus geht einige Schritte weiter. Er kniet. Die Arme stützt er auf die Erde. Das Gesicht versenkt er in seine Hände. Vater, sagt er, Vater, ich habe Angst. Muss ich wirklich sterben? Ich möchte nicht. Wenn es nicht unbedingt sein muss, möchte ich nicht. Doch ich vertraue mich dir an, was auch geschieht.
Jesus weint. Er muss ganz tief durchatmen. Die Angst drückt ihm die Luft ab. Nach einer Weile steht er auf. Er geht zu Petrus, Johannes und Jakobus zurück. Er möchte mit ihnen reden. Doch sie schlafen. Er weckt sie: Jetzt habt ihr doch geschlafen. Bleibt bitte wach. Ich brauche euch wach in meiner Nähe. Das gibt mir Kraft.
Noch einmal geht Jesus einige Schritte von ihnen fort. Er kniet wieder. Vater, sagt er nochmals, Vater, ich kann nicht. Ich werde das nicht aushalten. Doch wenn du willst, muss ich nicht sterben.
Er kehrt zu seinen Freunden zurück. Sie sind wieder eingeschlafen. Jesus lässt sie schlafen.
Er geht ein drittes Mal an die gleiche Stelle. Er betet noch einmal. Die Angst, die Unruhe und die Tränen begleiten ihn.
Jesus steht auf, weckt seine engsten Freunde. Sie gehen zu den anderen Jüngern zurück.
Jetzt werden sie bald kommen, sagt er.

II. Informationen zum Text

Eine Geschichte der menschlichen Schwächen, keine Heldengeschichte. Weder die Jünger noch Jesus sind Übermenschen. Die Jünger erliegen ihrer Müdigkeit. Jesus bekennt seine Angst. Er möchte nicht allein sein. Er bittet drei seiner Jünger, ihn zu begleiten. Er erwartet von ihnen einen Freundschaftsdienst. Große Versprechungen seiner Freunde hat Jesus bereits auf den Boden der menschlichen Tatsachen zurückgeführt. Auch jetzt schaffen es die Freunde nicht, seine Bitte zu erfüllen. Und als Jesus sie das zweite Mal schlafend vorfindet, lässt er sie auch.
Er selbst schwankt zwischen Angst und Vertrauen. Auf der einen Seite fürchtet er die Einsamkeit und die Brutalität, die er zu erwarten hat. Auf der anderen Seite vertraut er auf Gottes Nähe, wenn sich die Menschen, die vorher in Scharen zu ihm gekommen waren und ihn bejubelt haben, von ihm abwenden und auch seine engsten Freunde nicht da sind. Jesus erfährt, dass er von menschlicher Seite keine Hilfe mehr erhoffen kann. Im Gebet vertraut sich Jesus Gott an, benennt seine Angst, spricht sein Zutrauen aus. Dass er seine Angst Gott gegenüber zugeben kann, ist bereits Ausdruck des Vertrauens. Er muss keine Zurechtweisung befürchten. Der Satz „Dein Wille geschehe" ist Zitat aus dem Vaterunser. Es ist kein unterwürfiger Satz.
Jesus verlässt sich auf Gott, so wie er es immer getan hat. Gehorsam ist nicht die Antwort auf den Willen oder den Befehl einer Autorität. Jesus fügt sich nicht einfach. Er vertraut Gott.

III. Kinder von ihren Erfahrungen erzählen lassen

- Wie ist das, wenn ich vor etwas Angst habe? Gibt es Orte, die mir dann gerade gut tun? Gibt es Orte, an denen ich mich gar nicht wohl fühle?

- Angst haben und allein sein: Wer kennt das auch? Wie ist das? Wie wäre es schöner? Mit wem?
- Die Geschichte erzählt: Auch Jesus bleibt von Angst nicht verschont. Hätte ich mir das so bei ihm vorgestellt? Oder hätte ich etwas ganz anderes von Jesus erwartet?

IV. Mit Kinder auf dem Weg zur Erschließung

Gartenerkundung: „Lieblingsplätze“ und „Gruselplätze“

Die nächtlichen Begebenheiten spielen sich in einem Park, dem Garten Gethsemane, ab. Jesus ist unruhig. Er läuft umher, hält inne, sucht nach Ruhe und Geborgenheit für seine aufgewühlte Seele. Die Nähe seiner Freunde ist ihm dabei wichtig, aber sicher wirkt sich auch die Umgebung auf seine Stimmung aus. Wer so in Bedrängnis ist, braucht Orte, die Vertrautheit und Trost ausstrahlen. Orte, die die Angst und das Unbehagen nicht noch zusätzlich steigern. Wer in der Nähe einen großen Garten oder Park kennt, kann sich dort in der Natur Jesu Situation vor Augen führen. Bei einem Erkundungsspaziergang durch die Wege und Winkel, die dunklen und die hellen Ecken einer solchen Parklandschaft, können die Kinder aus eigenem Erleben sagen: Dieser Platz hier unterm Baum, der wirkt auf mich besonders gemütlich. Aber diese dunkle Ecke dort, die finde ich ganz gruselig. Da würde ich mich niemals allein hintrauen.

Figurenspiel: „Bleibt in meiner Nähe!“

Die Parklandschaft lässt sich auch in einer großen Holzkiste nachbauen: Einige Gras- oder Moossoden dienen zur Bodengestaltung. Äste und Zweige stellen in diesem Miniaturgarten die Bäume dar. Wege werden mit hellem Sand und Steinen angedeutet. Wichtig aber sind vor allem Jesus und seine Freunde als Figuren, die passend zu den Größenverhältnissen in der Landschaft auf vielerlei Weise hergestellt werden können: aus Korken oder Papprollen, aus Modelliermasse oder aus Pfeifenputzern geformt und mit Stoffresten bekleidet.

Auch die in vielen Kindertagesstätten vorhandenen Biegepüppchen sind gut geeignet. Wie bewegen sich diese Figuren nun im Verlauf der Geschichte durch die Landschaft? Wo sind sie sich nah und wo entfernen sie sich voneinander? Alles, was die Spannung der Geschichte ausmacht, findet im Wesentlichen seinen Ausdruck in den Beziehungen ihrer Menschen, in Nähe und Abstand zwischen Jesus und seinen Freunden. Durch das Darstellen verschiedener Szenen, bei denen die Figuren in immer wieder anderer Weise zueinander stehen, wird ganz ohne Worte deutlich, wie Angst und Einsamkeit aussieht oder wie sich eine Situation durch die Nähe anderer Menschen verändert.

Abendlied oder -gebet: Bleib bei mir

Das Bedürfnis, sich bei Angst und Dunkelheit auf die Nähe eines anderen Menschen verlassen zu können, ist den Kindern gewiss nicht fremd.

Es findet seinen Ausdruck in dem folgenden Vers, der als Gebet gesprochen oder Lied gesungen werden kann:

Text und Musik: Susanne Brandt

Auf dem Weg nach Emmaus

Lukasevangelium, Kapitel 24, Verse 13–35

I. Wie wir erzählen können

Ein Mann und sein Sohn gehen auf der Straße zwischen Jerusalem und Emmaus.
Der Sohn ist schon erwachsen.
Sie sind auf dem Weg nach Hause.
Sie schweigen, reden miteinander kein Wort.
Sie schauen auch nicht auf, ihrem Ziel entgegen,
sondern ihr Blick geht nach unten,
nur auf das kurze Stück Weg vor ihnen.
Sie sehen nicht, wer ihnen begegnet.
Sie bemerken gar nicht, dass andere Leute sie grüßen.
Sie merken auch nicht, dass inzwischen ein anderer Mann neben ihnen geht.
Sie schrecken auf, als er sie anspricht.
Er fragt sie nach ihrem Weg und nach einer Weile sagt er:
Ihr seht so traurig aus.
Irgendwie gewinnen sie Vertrauen zu ihm.
Sie erzählen ihm, was sie bewegt:
Vor langer Zeit waren wir diesen Weg in die andere Richtung gegangen,
nach Jerusalem.
Wir hatten von Jesus gehört.
Wir wollten ihn kennen lernen.
Tatsächlich: Wir fühlten uns sehr wohl in seiner Nähe.
Was er erzählte, machte uns Mut.
Er öffnete uns die Augen, andere Menschen als wertvoll zu sehen,

egal wer sie waren oder wie sie waren.
Jesus sah nicht auf das, was einer hatte.
Er sagte: Jeder Mensch ist sehr gut von Gott gemacht.
Ja, und das spürten auch die Menschen bei ihm.
Sie entdeckten, was sie alles konnten.
Sie entdeckten wieder Hoffnung und Freude am Leben.
Bis hierhin hatte der Mann aufmerksam zugehört.
Jetzt fing er an zu erzählen.
Er erzählte von Menschen, die die beiden aus ihrer Bibel kannten.
Er erzählte ihnen, wie Gott diesen Menschen genauso Mut gemacht hatte,
wie sie in der Nähe Gottes Hoffnung und Freude am Leben bekommen hatten.
Irgendwie spürten die beiden Männer, dass ihre Traurigkeit immer kleiner wurde.
Sie schauten den Fremden an.
Sie sahen anderen Leute, die ihnen begegneten.
Sie grüßten zwischendurch.
Aber dann war plötzlich wieder dieser Kloß im Magen und sie erzählten dem Fremden:
Jetzt haben sie Jesus am Kreuz hingerichtet.
Jetzt ist alles wieder vorbei:
der Mut,
die Hoffnung,
die Lebensfreude.
Die beiden ließen ihre Köpfe wieder hängen.
Aber der Fremde erzählte weiter,
wieder von Menschen aus ihrer Bibel.
Er erzählte besonders von einem.
Auf ihn warteten die Menschen.
Wenn er bei ihnen wäre,
dann würde er ihnen Mut geben, und sie hätten keine Angst mehr,

sie schöpften wieder Hoffnung und brauchten nicht mehr zu verzweifeln,
sie könnten endlich in Frieden leben aus lauter Lebensfreude.
Wieder merkten die beiden Männer,
dass ihre Traurigkeit immer kleiner wurde.
Was der Fremde erzählte, war so spannend, dass sie gar nicht bemerkt hatten:
Sie waren schon zu Hause.
Sie wollten aber noch mehr hören und sagten dem Fremden:
Bleib doch heute abend bei uns.
Er ging mit ihnen in ihr Haus.
Sie deckten den Tisch zum Abendbrot.
Der Fremde nahm von ihrem Brot und sprach das Tischgebet.
Wie er das machte, kam ihnen bekannt vor.
Plötzlich gingen ihnen die Augen auf:
Das war Jesus.
Da war ihre Lebensfreude wieder da,
ihr Mut lebte auf,
und ihre Hoffnung spornte sie an.
Das müssen wir den anderen erzählen,
sagten sie.

Sie ließen alles stehen und liegen.
Sie liefen sofort zurück nach Jerusalem.

II. Informationen zum Text

Die eigenen Vorstellungen der Freunde Jesu haben sich als Irrtum erwiesen. Wo bleibt die erwartete Befreiung? Die beiden Freunde Jesu haben in Jerusalem zwar die Botschaft der Frauen gehört: Jesus ist auferstanden. Doch das genügt ihnen nicht: „Wir aber hofften, er sei

es, der Israel erlösen würde". Die Hoffnungen sind enttäuscht. Es ist menschlich, jetzt davon zulaufen.
Die Freunde reihen sich ein in die Schar derer, die vom Passahfest aus Jerusalem nach Hause zurückkehren. Zurück in den Alltag, in die Normalität. Der Ort Emmaus ist nicht genau zu identifizieren. Es handelt sich jedoch um die Rückkehr. Sie kehren damit dem, was war, den Rücken zu, auch der Gemeinschaft mit den anderen Freunden und Freundinnen Jesu. Sie sind tief enttäuscht. Anders als die, die in Jerusalem gefeiert haben, blicken sie nicht dem Alltag mit neuen Impulsen entgegen. Ihr Weg ist kein Aufbruch, sondern ein Abbruch.
Auf diesem Weg sind sie nicht allein. Die Geschichte lebt vom Bild des Wanderers. Jesus geht unerkannt mit. Er gesellt sich zu ihnen. Er stellt sich nicht vor. Er bleibt unerkannt. Dennoch haben die Freunde so viel Vertrauen zu ihm, dass sie ihm anvertrauen, was sie bewegt, ihre Trauer und ihre Enttäuschung. Der Begleiter geht auf ihre Enttäuschung ein. Er scheint sie über ihren Irrtum zu belehren, doch fühlen sie sich von ihm ernst genommen. Er erzählt und erklärt ihnen ihre Bibel.
Sie wollen kurz vor ihrer Haustür dieses Zusammensein nicht aufgeben. Der Begleiter soll ihr Gast sein. Bei der folgenden Mahlzeit übernimmt er die Rolle des Hausherren, das Dankgebet und das Brotbrechen. Daran erkennen sie ihn. Doch ist er in dem Augenblick auch wieder entschwunden. Sie können Jesus nicht festhalten.
Das Erkennen interpretiert ihre Gemeinschaft mit ihm auf dem Weg. Erst jetzt stellen sie fest, dass ihnen bereits unterwegs „das Herz brannte". Die neue Sicht lässt sie sofort umkehren, zurück in die Gemeinschaft der Freunde und Freundinnen Jesu.
Wege, auch Irrwege, Wege mit Irrtümern gehören dazu, um die Augen geöffnet zu bekommen, gestärkt umzukehren und neue Wege zu gehen. Der Weg nach Emmaus war für die beiden Freunde solch ein Weg.

III. Kinder von ihren Erfahrungen erzählen lassen

- Wie ist es, wenn ich traurig bin?
- Wie ist es, wenn ich etwas verliere, was mir sehr wichtig war?
- Angst im Dunkeln / Angst, wenn ich alleine bin – wer hat das schon mal erlebt?
- Was wünsch ich mir, wenn diese Angst kommt?

IV. Mit Kindern auf dem Weg der Erschließung

Verlauf des Weges mit Farben und Klängen nachgestalten

Auf ein großes Blatt Papier wird eine Linie als Weg gezeichnet. Es gibt einen Ausgangspunkt und ein Ziel. Mit drei Spielfiguren lässt sich auf diesem Weg der Verlauf der Geschichte nacherzählen: erst gehen die Männer allein, dann tritt ein Dritter hinzu und schließlich erreichen sie gemeinsam ihr Haus. Wie verändern sich dabei die Gedanken, Gespräche und Gefühle der Männer? Wo sind sie ganz traurig, wo schöpfen sie Hoffnung, wo kommt die Traurigkeit zurück, wo spüren sie neue Lebensfreude? Mit unterschiedlichen Farben können diese wechselnden Stimmungen auf dem Weg zum Ausdruck gebracht werden: dunkle Farben markieren die traurigen Wegabschnitte, hellere Farben zeigen die aufkommende Hoffnung.

Variationsmöglichkeiten:

- Der Weg kann auch mit Materialien auf der Erde gelegt werden. Steine deuten vielleicht die schweren bedrückenden Wegstrecken an, während Blumen oder Federn die „Erleichterung" zum Ausdruck bringen.
- Was Materialien oder Farben vor Augen führen, lässt sich mit einfachen Instrumenten (Trommeln, Triangeln, Rasseln, Glocken etc.) ebenso in Töne „übersetzen". Welche Klänge passen zu Dunkelheit, Kummer und Tränen? Welche Klänge drücken Freude und Hoff-

nung aus? Während die Figuren den Weg entlang gehen, begleiten die Instrumente die gestalteten Stimmungswechsel mit entsprechenden Klängen.

Vertrauensspiel: in Dunkelheit nicht allein

Für dieses Spiel finden sich Kinder zu Paaren zusammen. Ein Kind erfährt Dunkelheit, indem ihm die Augen mit einem Tuch verbunden werden. Es wird nun von dem anderen Kind behutsam verschiedene Wege durch den Raum geführt. Dann wechseln die Rollen.

Spürbare Zeichen: der Duft von frischem Brot

Es gibt vertraute Zeichen, die ohne Worte sagen: Wir sind einander vertraut. Hier bin ich geborgen. Hier fühle ich mich wohl. Hier will mir jemand zeigen, dass er es gut mit mir meint.
Das Brot, das Jesus mit den Jüngern in der Emmausgeschichte teilt, kann für die Kinder als ein solches Zeichen ganz konkret „begreifbar“ werden. Und nicht nur das. Auch der Geruchs- und Geschmackssinn spielen bei der Wahrnehmung solcher Zeichen eine wichtige Rolle. Wie z.B. der Geschmack von frischen Erdbeeren vom Sommer „erzählt“ oder sich der Geruch von warmen Zimtsternen mit weihnachtlichen Gefühlen verbindet, so kann das frische Brot als Zeichen für eine gute Tischgemeinschaft die Sinne „ansprechen“: Was erfährt die Nase, wenn ein ganz frisches Stück Brot in mehrere Teile zerbrochen wird? Wie riecht es im Innern, wie riecht die äußere Kruste? Wie oft muss das Stück geteilt werden, damit alle am Tisch etwas davon abbekommen? Unter dem Eindruck der so gemachten Sinneserfahrungen, lässt sich vielleicht auch gemeinsam mit den Kindern ein Tischgebet formulieren.

Rezept für ein duftendes Brot zum Selberbacken
Zutaten: 500 g Weizenvollkornmehl, 375 ml Buttermilch, 30 g Hefe 1 Tl Salz, etwas Streumehl für Hände und Schüssel
Das Mehl in eine Schüssel geben, eine Vertiefung drücken und die in 1/8 l lauwarmer Buttermilch aufgelöste Hefe mit etwas Mehl in der

Mulde zu einem dicklichen Brei verrühren. 15 Minuten gehen lassen. Dann die restliche leicht erwärmte Buttermilch (1/4 l) mit dem Salz dazugeben und alles zu einem Teig gut durchkneten. Mit feuchten Händen einen Kloß formen, die Schüssel mit etwas Mehl ausstreuen und den Teig hineinlegen. Nochmals 45 Minuten gehen lassen. Wenn sich das Teigvolumen verdoppelt hat, den Teig auf einer bemehlten Arbeitsfläche nochmals durchkneten, eine Rolle formen und in eine gefettete Kastenform legen. Zugedeckt weitere 15 Minuten gehen lassen. Bei etwa 220 C° 35 bis 40 Minuten backen. Anschließend gleich aus der Form nehmen und auf einem Gitter auskühlen lassen.

Worte, die weiterklingen können

Ein Satz aus der Geschichte, der als guter „Wegbegleiter" in Erinnerung bleiben kann, lautet sinngemäß:
„Bleibe bei uns. Denn der Abend kommt und es wird dunkel"
Gekleidet in die folgende Melodie, wird daraus ein kleines einprägsames Gute-Nacht-Lied:

Text und Musik: Susanne Brandt

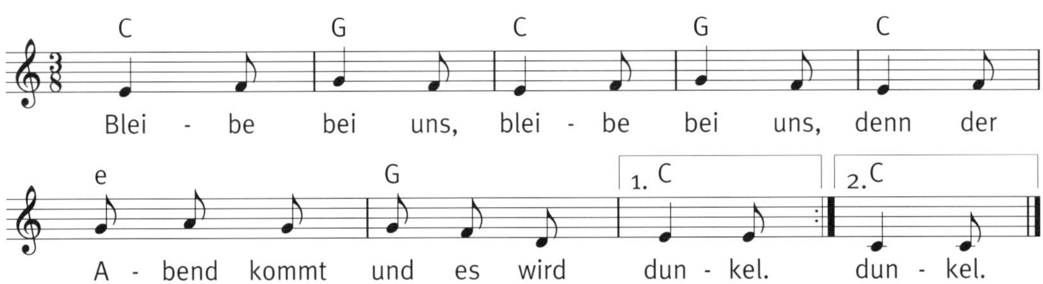

Gemeinsam auf dem Weg zu einer festlichen Brotmahlzeit

Unter Einbeziehung der verschiedenen hier vorgestellten Elemente, lässt sich mit den Kindern ein „Lichterweg" durch die Dunkelheit mit gemeinsamer Brotmahlzeit feiern. Für dieses Angebot sollte genügend Zeit, Ruhe und ein abdunkelbarer Raum zur Verfügung stehen. In diesem wird in besonderer Weise ein Tisch vorbereitet: Das noch

warme frischgebackene Brot liegt auf einem schönen Tuch oder Teller in der Mitte. Daneben steht ein Krug mit Wasser, Milch oder Saft. Auch die Plätze der Kinder werden mit schönem Geschirr gedeckt. Ein Blumenstrauß trägt zur schlichten Festlichkeit des Tisches bei.
Die Kinder bereiten außerhalb des dunklen Raumes ebenfalls den bevorstehenden Weg vor. Sie stellen Fußspuren her, indem sie den Umriss eines ihrer eigenen Füße von einem anderen Kind auf Tonkarton ummalen lassen und diesen anschließend ausschneiden. Auf jede dieser Fußspuren wird nun ein Teelicht geklebt. Diese „Fußspuren-Kerzen“ nimmt jedes Kind mit auf seinen Weg. Sie werden aber nicht gleich angezündet. Die Erzieherin trägt eine große brennende Tischkerze als einzige Lichtquelle, wenn sie mit den Kindern den dunklen Raum betritt. Während sich die Gruppe damit auf den Tisch zu bewegt, kann der Liedvers „Bleibe bei uns“ gesungen werden. Dann wird die Kerze auf den Tisch gestellt, und jedes Kind zündet seine „Fußspuren-Kerze“ an der Tischkerze an, um damit seinen Platz zu beleuchten. Am Tisch wird es dadurch ganz hell. Dann beginnt die gemeinsame Brotmahlzeit.
Nach dem Essen verlassen die Kinder mit ihren Kerzen auf unterschiedlichen Wegen ihre Sitzplätze, so dass sie am Ende in einem großen Kreis um den Tisch herumstehen. Und sie hinterlassen Spuren: Denn bevor sie in den Kreis kommen, setzen sie ihre „Fußspuren-Kerzen“ an einer Stelle auf dem Boden ab, wo sie langgegangen sind. Vom Kreis aus wandern die Blicke nun noch einmal durch den Raum. Viele Lichterspuren sind jetzt zu entdecken. Dazu erklingt wieder das Lied „Bleibe bei uns“. Schließlich nehmen die Kinder ihre leuchtenden „Fußstapfen“ wieder auf und verlassen damit den dunklen Raum. Die „Fußspuren-Kerzen“ können noch lange an die besondere Mahlzeit erinnern.

Geschichten erleben und spielen

3-7698-1200-X 3-7698-1224-7 3-7698-1160-7 3-7698-1161-5

Susanne Brandt

Der FrühlingsSpielplatz

Die Weihnachtsbühne

Frühlingsfrische und wintermärchenschöne Geschichten zum Erzählen, Spielen und Musikmachen. Wer für das Frühlingsfest oder die Weihnachtsfeier nach Spielstücken sucht, die schon die Kleinsten im Kindergarten aufführen können, wird in diesen beiden Bänden fündig. Alle Lieder aus den Büchern gibt es auch auf CD.

ISBN 3-532-62259-9

Hanne Stäudel

Kinder entdecken sich in der Bibel

Biblische Geschichten im Kindergarten, in der Schule oder in der Gemeinde lebensnah und spannend zu erzählen, ist gar nicht so einfach. Hanne Stäudel stellt eine Methode vor, wie jeder lernen kann, kleine Zuhörer zu fesseln. Jedem Erzählvorschlag stellt die Autorin die konkreten Bezüge zur Lebenssituation von Kindern und eine kurze Deutung voran.